柏林圍牆的倒塌與意識形態的洗牌

共同體的神話

From
Peoples
Into
Nations

A History of
Eastern Europe

JOHN CONNELLY
約翰・康納利

楊雅筑、蔡耀緯 譯

東歐百年史・冊3

前言.1　約一八一八年的中東歐。

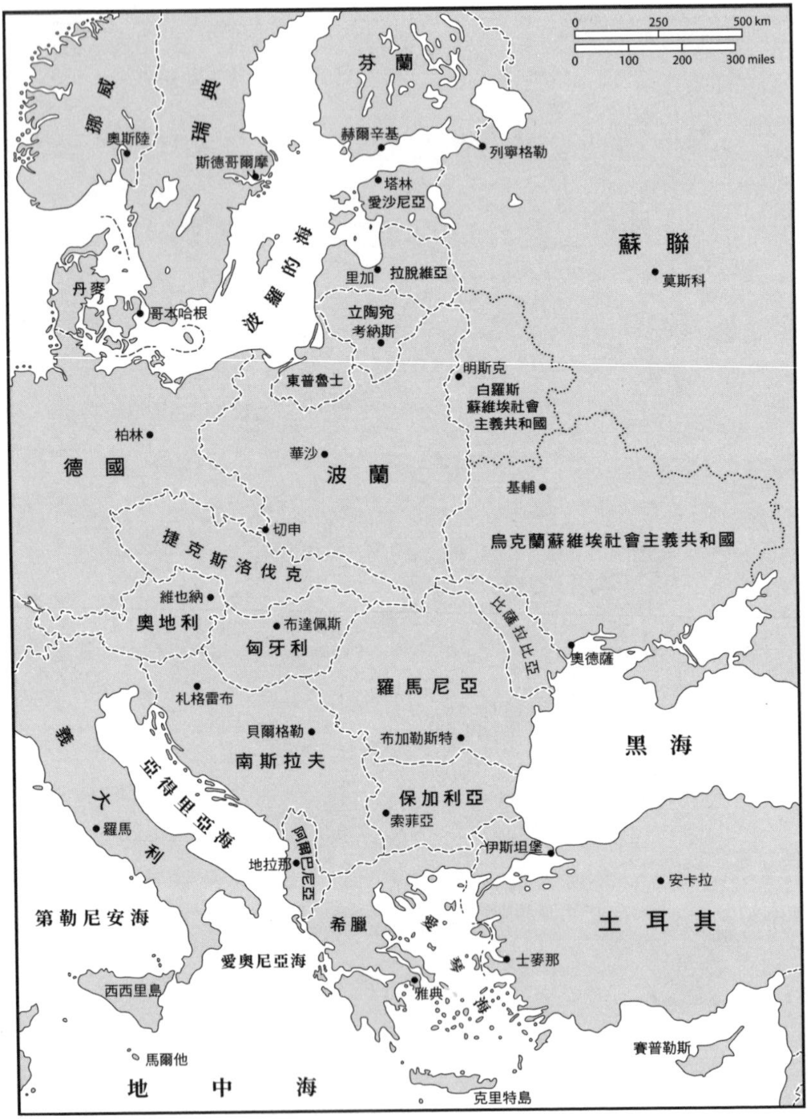

前言.3　一九二一到一九三九年的中東歐。

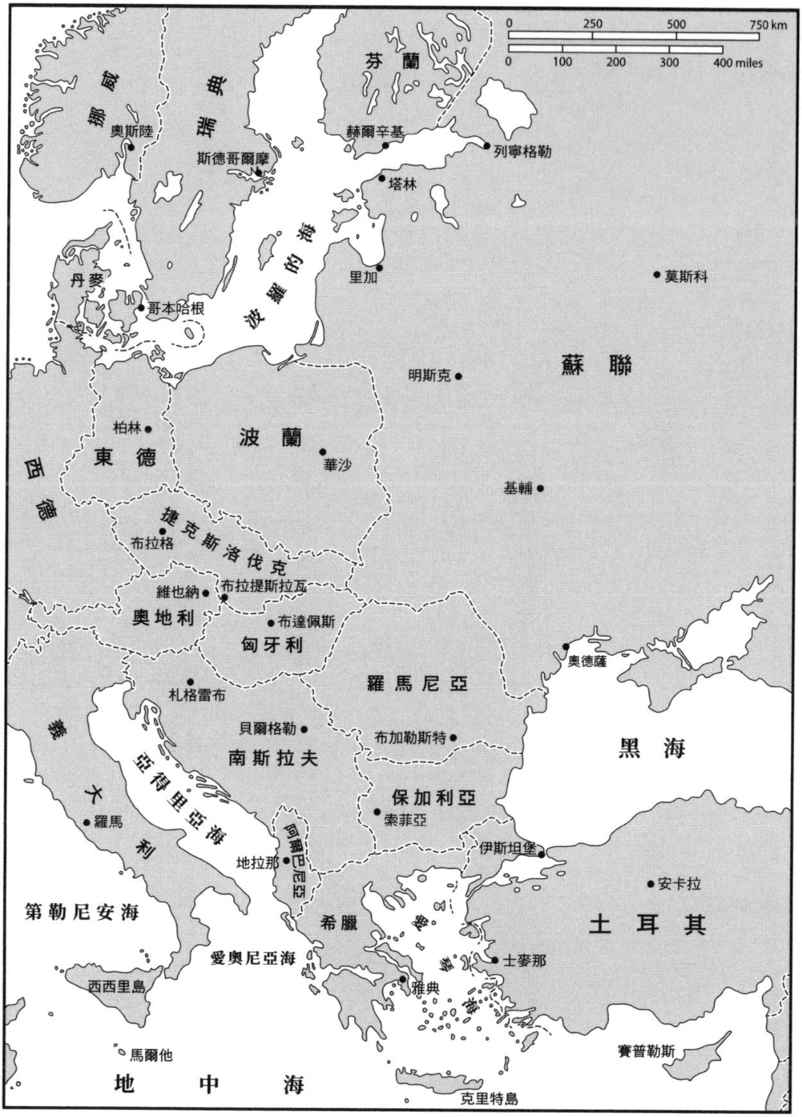

前言.4　一九四九到一九九〇年的中東歐。

CONTENTS

PART 5

從共產主義到非自由主義

chapter

24

共產主義的瓦解

一九八九年的東歐革命徹底改變了幾乎所有事物的規畫和體驗方式，以前那些複雜無比的規定全都拋諸腦後，就連最基本的日常活動突然也成了全新的體驗：學校教的是西方語言而不是俄文，還讓學生讀先前被列為「有毒」的禁書。沒人在意誰去了教會或是教會的人說了什麼。社會出現創業空間，各種廣告和小型商店在短短幾個月內如雨後春筍般出現，連鄉下村莊也徹底改頭換面。報攤架上擺著炫彩奪目的娛樂雜誌甚至色情刊物，餐廳供應各種「異國料理」，例如披薩或泰式炒麵。幾十年沒漆過的公寓大樓搭起了鷹架，底下的鵝卵石路面上跑的是來自德國和義大利的高性能轎車。到了夏天，都市的居民湧進海灘（多半位於西歐），歐洲各地的隔閡逐漸消失。我記得在柏林圍牆開放的兩天後，一位母親在東柏林的腓特烈大街站（Friedrichstrasse）轉乘時對她的孩子說：「你可以跟全班同學說你這個週末去了別的國家。」那可真是保守的說法，對那個孩子來說，西柏林不僅是另一個國家，根本是另一個世界。不過這個新現實的缺點也很快浮現：東歐人現在可能會失業。街頭也再次出現暴力，攻擊對象通常是其他族群。

為什麼會出現這種劇變？電視播放的片段讓我們看到民眾在一九八九年走上街頭。也許他們和遙遠過去的革命者一樣正在奪權。不過事實沒有看起來那麼簡單，且歷史上一直都是如此。「人民」並沒有在一七八九年接管法國政府，一九一七年在彼得格勒（Petrograd）也沒有，一九八六年在馬尼拉一樣沒有。同樣地，一九八九年十一月九日在柏林圍牆聚集的民眾也沒有打倒共產主義。政黨幹部早在好幾個星期前就已經失去權力，而邊界的開放——肇因是德國統一社會黨（SED）發言人君特・夏博夫斯基（Günter Schabowski）在電視上提到旅行規範時失言——加強並加速了早已開始的權力更迭。兩個星期後，幾十萬名抗議民眾湧入捷克斯洛伐克街頭，又過了幾週，權力在幕後默默轉移。一九九〇年夏季，一群偏好新自由主義（neoliberalism）和民族排他主義（national exclusivism）的新政黨菁英出現，這是革命者從未想像過的發展。在羅馬尼亞，革命者為了理想而死，但是塵埃落定之後，「勝利者」發現結果不過是換另一組共產主義領袖上台罷了；雖說如此，歐洲各地的國家社會主義（state socialism）在某程度上確實被多元主義（pluralism）取代了。[1]

沒人料到舊政權會解體，沒有任何一個舉止的動機是為了終結舊政權。一九八九年初期，異議人士只希望讓政府調整計畫經濟，並未要求改變一黨專政。直到二月還有東德人因為試圖從柏林圍牆逃跑而被槍殺。一九八九年的民主反對勢力起初想給政府「更多動力」，提倡人權、政治多元主義（political pluralism）、言論自由以及集會自由，他們並沒有料到國家會民主化。[2]就連波蘭的團結工聯（Solidarity）獲准在一九八九年六月的選舉中推出候選人時，那些經驗老道的革命者也只期望能夠在未來那個仍舊與蘇聯結盟的自由化共產政府中擔任顧問。一九八九年十月在東德抗議的那些人想要爭取西方世界不存在的民主社會主義

（democratic socialism），他們完全沒想到自己的國家會退出《華沙公約》（*Warsaw Pact*），加入歐洲共同體（European Community），與北大西洋公約組織站在同一陣線（這件事隔年就發生了）。

數十年來日益嚴重的社會和經濟危機造成的不滿情緒，甚至深入共產黨內部，最終導致共產主義在一九八九年崩塌。對共產政權來說，信仰就是關鍵。如果說現代西方社會可類比為重視理性的商業模型，政府會負責促進經濟成長和維持社會穩定，那麼東方的現代社會無疑是一種宗教，統治的正當性來自他們宣稱的絕對真理。共產政權的國營出版社會印製小冊子回答「為什麼我活著？」此類基本問題，但到了一九八〇年代，共產主義這座教堂的教徒不僅忘了禱告，甚至瞧不起那些基本的教義，認為那些內容偽善、虛假、負面又無關緊要。共產黨垮台前那幾年，不論是官員和人民都認為共產黨的統治正當性不明，因為他們的統治基礎是一個幾乎已經沒人相信會成真的未來。一九八〇年代後期，大家普遍認為領導階層中仍然對共產主義保有信仰的人過於天真或是更糟糕。東德有個笑話是這麼說的，共產黨官員絕對不會同時擁有三項特質：信仰，聰明，誠實，因為誠實又聰明的人沒有信仰；有信仰又聰明的人一定不誠實；有信仰又誠實的人肯定不聰明。

雖然意識形態開始受到質疑，不過也沒有人追根究底。跟西方的情況相同，多數人照常懵懵懂懂地過活，偶爾才隱約意識到國家的狀態。即使隨處可見宣稱和蘇聯永遠交好或是共產主義終將勝利的大紅標示，他們也選擇忽視。蘇聯集團（Soviet Bloc）的人民似乎認為那些支撐體制的「思想」和他們一點關係都沒有，反正蘇聯式的政權注定永遠存在。

不過即使在社會主義運行地最順利的一九七〇年代初期，社會上也不是完全沒有意識形態存在。社會主義教育告訴人民，政府會為人民的福祉負責，但買不到食物和生活用品讓民眾對政府十分不滿。尼基塔・赫魯雪夫（Nikita Khrushchev）的政策讓國家在物質消費的競賽中落敗，人民因此逐漸對未來失去信心。在不知道鐵幕另一邊如何運作的情況下，東歐人斷定西歐擁有更強大的財力、軍力和（諷刺地）社會福利，一定是因為西方的政府體現出更高的道德標準，[3]這解釋了為什麼東歐人會在鐵幕倒下後幾近盲目地擁抱市場資本主義。

共產黨幹部和人民早就逐漸失去信仰，讓國家社會主義在一九八九年說瓦解就瓦解，幾乎沒人試圖保護或挽救這個存在已久的體制。這個搖搖欲墜的體制早就被掏空了。[4] 不過喪失信仰並無法解釋為什麼那些革命會有那樣的發展。最重要的，喪失信仰並不能解釋為什麼當時的權力轉移能夠和平進行。一九八九年，有很多個人分別面臨了各種抉擇，若不是這數千個小小的決定——讓民眾在萊比錫的某間教堂每週進行一次和平抗議活動；剪開匈牙利某一段「鐵幕」的鐵絲網；允許團結工聯成員在華沙的直播電視節目上真的與政權代表進行辯論；打開柏林圍牆的一道大門——結果將截然不同，也許會演變成暴力場面。

波蘭：社會對上國家

進入一九七〇年代初期，幾乎沒人察覺到那些暗示最終結局的跡象，畢竟之前社會主義經濟已經成長了數十年。一九七一年，新的東德領袖埃里希・何內克（Erich Honecker）上台時，他的前手瓦特・烏布利希（Walter Ulbricht）留下了幾乎沒有任何負債的經濟。從捷克斯洛伐克到羅馬尼亞，在社會主義之下生活的人民已經習慣了一定程度的現代物質享受。[5] 羅馬尼亞人後來將一九六〇年代後期至一九七〇年代初期稱為「黃金年代」（golden years），波蘭人則將一九七〇年代初期視為他們的美好年代。

可是到了一九七〇年代後期，東德和其他社會主義經濟體（包括蘇聯）都累積了龐大負債。捷克斯洛伐克的生活水準雖然很高，不過人民變得越來越悲觀。到了一九八〇年代後期，輿論變得「極具批判性」。[6] 匈牙利的各個產業持續成長到一九七〇年代後期，匈牙利的國民所得從一九五〇年的一百上升到一九八三年的四百九十三；同一段期間，消費指數從一百上升到三百二十三，「過往的窮困情形已經不復存在」。[7] 可是在一九八〇年之後，工人的實質薪資在四年內下降了百分之六。在蘇聯集團當中，匈牙利人民擁有的電話或汽車等耐久物品數量排名第三

（排在捷克斯洛伐克和東德之後），不過這些國家和西歐之間的差距仍然很大，而且完全沒有縮小的跡象。到了一九八〇年代後期，東歐和西歐的電話數量為一比三，私人用車則是一比四。[8]

共產政府早期取得的成功反而讓它陷入危機，因為人民理所當然地認為生活品質會持續提升。社會主義已經實現，現在已經無法回頭，也沒有理由犧牲已經「獲得」的一切。政黨的教義並沒有預料到未來社會主義國家的人民會因為國家累積的強勢貨幣赤字（hard currency deficit）而被迫做出犧牲。一九八九年之後，提出匈牙利經濟改革方案（新經濟機制，NEM）的雷熱・涅爾什（Rezső Nyers）回憶當時黨「沒有能力向人民解釋必要的改變在短期內會有陣痛期……我們在政治上和社會上都無力推動改變，所以那場改革以失敗作結」。[9] 在領袖之中，就連最大膽的那些人都是實驗者，小心地調解各種可能——他們是經理人，難以看出他們是馬克思主義者，更別說是革命家。國家領袖都是老男人的事實，更加讓大眾認為政府沒有能力學會必要的新事物。

各種危機徵兆逐漸出現，其中能源最為關鍵。一九七三年，石油價格上漲，雖然蘇聯供應商並沒有馬上將飆升的成本轉嫁給消費者，不過後來調漲價格後，對東歐各國經濟造成極大的打擊。舉例來說，一九七六年至一九八〇年間，匈牙利對蘇聯的出口量比原先的預測多了六億至八億盧布，導致該國沒有貨品可以供應給西方市場，讓對西方國家的貿易赤字問題更加惡化。社會大眾並不接受政府透過提高價格等緊縮性政策解決這個問題，即使在政局穩定的東德也是一樣。[10]唯一的解決方法是向別國借錢，那意味著他們必須向西方求助，因為東方沒有意願或是沒有能力伸出援手。匈牙利和波蘭的外債在一九七〇年代中期大幅增加，不過他們當時自負地認為未來國內的出口產業能在全球市場上擁有競爭力，讓他們有能力償還債務。[11]

波蘭發現自己深陷社會主義各種災難的核心。一九七〇年十二月，瓦迪斯瓦夫．哥穆爾卡（Władysław Gomułka）下令射殺波羅的海沿岸地區格迪尼亞（Gdynia）、格但斯克（Gdańsk）和史特丁（Szczecin）的罷工民眾，[12]並因此事件狼狽下台，由愛德華・吉瑞克（Edward Gierek）接棒。吉瑞克曾當過煤礦工，過去常訴諸民粹主義，他向罷工者喊話，要他們回到工作崗位。他向那些工人保證國家會以他們的利益為先，西方也同意向波蘭提供貸款。一九七〇年代初期的石油危機也許對工業化經濟來說是一大打擊，不過對銀行來說則是天賜良機，獲得大筆大筆由富裕產油國投資的「石油美元」（petrodollar）。在吉瑞克領導之下，波蘭投資了許多野心極大但最終以失敗告終的商業冒險，特別是在鋼鐵、造船業、汽車產業。波蘭也將很多借來的錢用在進口民生用品，人民因此過了幾年不錯的生活。

到了還債的時候，波蘭政府和一九七〇年十二月的哥穆爾卡採取了同樣的第一步：調漲民生用品的價格。糖的價格漲了一倍，肉品漲了三分之二，乳酪和奶油漲了五成。[13] 一九七六年六月二十五日，波蘭中部地區中型城市拉多姆（Radom）的華特將軍（General Walter）冶金廠工人罷工。他們原本就有一半的薪水都拿去買食物了，現在價格又突然大漲，民眾立刻群起激昂。很快地，鄰近的二十四間工廠也加入罷工行列，到了早上十點，已經有兩萬至兩萬五千名工人聚集在拉多姆的地方

圖 24.1　工人抬著波羅的海沿岸地區鎮暴之下的犧牲者茲比塞克．高德萊夫斯基（Zbyszek Godlewski）的遺體（格迪尼亞，一九七〇年）。

來源：Edmund Pepliński. In Andrzej Wajda, "Uzupelniam swój zyciorys," *Tygodnik Solidarnosc* 2:11 (July 101 1981). Via Wikirnedia Commons.

黨部前面。當地黨書記對群眾說，他已經向中央提出撤回價格調漲的請求，正在等待回覆中。然後他偷偷從後門溜出去，因為他明白那不可能發生。到了中午，等不下去的工人強行闖入大樓，發現官員都已經逃跑了。不過真正讓他們生氣的點是在黨部餐廳發現一堆火腿罐頭，他們已經好幾年沒看過那種東西了。把罐頭拋給窗外的民眾後，抗議人士放火燒了大樓，還把道路擋住阻礙消防人員滅火。

當局緊急從各地調了機動警察部隊到現場，最遠來自盧布林（Lublin）、羅茲（Łódź）和華沙。警民之間在街頭爆發衝突，一直到半夜才恢復平靜，兩名抗議人士在過程中喪生。華沙附近的烏爾蘇斯（Ursus）卡車工廠也有人罷工（罷工者成功阻擋了行駛於巴黎至莫斯科之間的跨國鐵路），在二十四個行政區中共有約九十個企業都出現罷工運動。罷工者和示威者加起來的人數粗估高達七萬至八萬人。[14]政府趕忙撤銷調漲價格的舉措。

然而，當局卻也回頭用起了吉瑞克原本看似和波蘭大眾「約定好」屏棄的舊方法，到處揪出並懲罰「元兇」。光是在拉多姆就有約一千名工人被開除，還有好幾百人被判刑入獄。許多人被毆打。[15]在史達林時代，詩人切斯瓦夫·米沃什（Czesław Miłosz）曾經警告那些想要傷害一般民眾的當權者：「別以為你們安全了，詩人永遠記得。」一九七六年，詩人看到當權者做了什麼，於是和其他知識分子（法律學者、經濟學者、歷史學者以及一位天主教神父）一起組成了工人保護委員會（KOR）。[16]這個團體起初共有十四位來自各個世代的成員（最年長的成員出生於一八八八年！），他們向工人提供醫療和財務方面的協助，還有在這個國家最關鍵的，為不知道自己有什麼權利的工人提供法律諮詢。詩人史坦尼斯瓦夫·巴蘭恰克（Stanisław Barańczak）後來寫道，這個啟發波蘭境內反對勢力，最後導致一九八九年革命的組織，當初會成立完全是出於單純的惻隱之心。工人保護委員會是異議歷史學者亞當·米奇尼克（Adam Michnik）提出的點子，他出席了烏爾蘇斯的審判，聽到那些工人的妻子在法官宣判「一年、兩年、五年，罪名是『蓄意破壞』」時，崩潰大叫。擦乾眼淚後，米奇尼克決定一定有他和朋友可以幫忙的地方。[17]

都市中工人和知識分子引發的騷亂只是波蘭經濟問題的症狀之一。追根究底，問題出在錯誤的食物政策。在一九六〇年代，農業產值每年成長百分之二至百分之三，完全供不應求。經過一九七〇年的慘劇之後，新的領導人承諾會「逐漸對鄉村開放」：政府會向農場提供更多工業產品，也會調升農產品的收購價。在頭三年，農產品產量提升，農民的生活水準也提高了，讓人想起哥穆爾卡剛上台那三年的榮景。政府對私有農場的態度也轉為支持。不過在某個時間點，吉瑞克也開始偏好規模不大的集體化農業，即使這種農場的表現較差。[18]

到了最後，意識形態獲勝，政府並未大舉投資私有農場。這種農場的規模仍然很小，約有三分之二的農場小於五公頃，能取得的機器或肥料也有限。農民想盡辦法逃往都市，不敢投資太多錢在農田裡，因為他們也不確定未來會怎樣。休耕的農地越來越多，農業產量幾乎完全沒有成長。[19]

牲畜的飼料穀物是個特別的問題。由於一九七七年至一九七八年歉收，波蘭必須從西方進口一千五百萬公噸的穀物，總共花了二十億美元。[20]這些看似不起眼的數據很重要，因為波蘭遭遇的每個大型危機都是由肉品短缺所引起（讓哥穆爾卡和吉瑞克黯然下台），每次政府都試圖透過提升價格壓低需求。吉瑞克被肉挾持，特別是豬肉。如果價格較低，農夫就不會養那麼多頭豬，提升豬肉產量的唯一方式就是提升價格，可是當政府這麼做的時候，工人又會抗議。後來一九八〇年出現大型罷工浪潮的起因就是政府調高了某幾樣特定肉品的價格，包括煙燻培根。一個工人曾說：戰爭之前，我們有麵包問題，現在我們面臨的問題是要在麵包上放什麼。[21]

黨正為了未能成功推動集體化農業而付出慘痛代價。如果中央無法好好規畫穀物、乳製品或肉品的生產，它也不會有能力規畫別的事情。鄉下並未集體化，因為即使在史達林時代，黨也忙著處理實際存在和潛在的反對勢力，但當面對教會、知識分子、工業工人和廣大農民時，政府一點都不敢輕舉妄動。在一九七〇年代，這些團體終於團結成為黨無法攻破的方陣（Falanga）。

在波蘭引發民眾劇烈反彈的危機在蘇聯集團中很特別，其他國家的經濟都不曾出現那麼大的反差，一九七〇年初期靠著外國貸款而度過的好時光，到了後期卻面臨各種物資短缺和刪減預算的問題。為了讓各種物資（包括糖跟米）能夠撐更久，波蘭政府在一九七六年推出配給卡制度，一直維持到一九八九年才終結。可是政治動員並沒有馬上發生，知識分子之間意見極為分歧，和農民之間也有鴻溝，可以讓眾人團結和願意犧牲的領袖和新想法尚未出現。波蘭的狀況和其他國家類似。在一九七〇年代，蘇聯集團裡面大部分的國家出現了提倡民權——更重要的是人權——的社會運動。這個運動回應了許多東歐人在一九六八年對布拉格之春的鎮壓，以及哥穆爾卡在同年驕傲展現醜陋的超民族主義（hypernationalism）之後，所出現的錯亂和絕望感。

蘇聯領導人列昂尼德·布里茲涅夫（Leonid Brezhnev）和同僚後來示範了過於狂妄自大的下場。徹底擊垮反對勢力，讓馬克思修正主義者失去所有希望之後，他們接下來在所謂的「緩和」（Détente）期間簽署一系列關於裁軍的公約，意圖在國際上「鞏固」自己的地位。其中最重要的事件發生於一九七五年，當北大西洋公約組織和華沙公約組織的領導人聚集在赫爾辛基（Helsinki）參與歐洲安全與合作會議（Security and Cooperation in Europe）。蘇聯成功讓大家承認戰後歐洲的邊界，包括奧得河－尼斯河線（Oder-Neisse）還有蘇聯的西方界線；西方則獲得了關於人權的協議，意即協議中所謂的「第三部分」。

對於「第三部分」的承諾究竟代表了犬儒主義或單純因為記憶差而疏忽，並不清楚。馬克思列寧主義者在西柏林周圍蓋起高牆，在「鐵幕」沿途埋下地雷，現在卻鄭重宣誓要尊重移民自由；他們歧視有宗教信仰的人，卻誓言要尊重思想自由；他們讓試圖自由發言的人民噤聲或被關進大牢，這就是保障言論自由。不過這種表裡不一的情形不是什麼新鮮事。在協議的第三部分，蘇聯和盟友承諾的內容早就包含在一九四八年的《世界人權宣言》（*Universal Declaration of Human Rights*）。他們現在願意（再次）公開承諾捍衛人權並將完整宣言發布在報紙上，不過是看似虛情假意和毫無理由的舉動。[22]

圖 24.2　赫爾穆特・施密特（Helmut Schmidt）、埃里希・何內克、傑拉德・福特（Gerald Ford）、布魯諾・克萊斯基（Bruno Kreisky）於赫爾辛基會議（一九七五年）。
來源：Horst Sturm (Photographer), Bundesarchiv, Bild 183-P0801-026 / CC-BY-SA 3.0.

不過如同詩人在家中看著當權者對公民施暴，所有居民（尤其是知識分子）正在吸收來自赫爾辛基的訊息。人權的美妙之處在於每個權利都是另一個權利的必要條件，只有全部存在或全部不存在兩種可能。當工人保護委員會成員為工人的罷工權利挺身而出，他們主張受到侵害的不僅是社會權利，結社的權利也受到了侵害，因此代表人權受到了侵害。如果捷克政府打壓宗教權利，那代表作為基本人權的表達自由在捷克斯洛伐克顯然並不存在。如果不屬於任何教派（甚至反對宗教干預政治）的異議人士想要提倡人權，他們也必須保護宗教自由。教會不僅是潛在的盟友，也是必要的盟友。同樣地，當工人無法獲得合理的收入或是生活空間時，知識分子和教會注定要共同捍衛工作的尊嚴——那是社會權利，因此是人權的一種。[23]

人權因此在馬克思世界觀崩塌後提供了一種完整的世界觀，每個人都能接觸到這種思想，不過它對極為渴望找到目標的知識分子特別有吸引力。人權可以套用在各種政治和信仰，甚至包括沒有傾向的人。人權可以讓東歐社會的不同團體集結，之前其他意識形態都做不到這一點，因為說到底，人權也和民族權利密不可分——那也是一九四八年聯合國發表的宣言保障的權利。[24]

工人保護委員會成員因此成為波蘭廣大知識分子反對勢力的代表，雖然他們只是其中的一個子團體。在一九七〇年代初期，委員會多半集中在幾個小鎮，成員包括：前馬克思修正主義者（如亞采克・庫隆〔Jacek Kuroń〕以及曾當過一任文化部長的瓦迪斯瓦夫・比恩科夫斯基〔Władysław Bieńkowski〕）和其他世俗左派、一九六八年被迫害的年輕人，還有菁英作家、藝術家、演員以及學者的大雜燴。有一些成員是天主教徒，包括神父，也有和救國軍（Home Army）以及二戰抵抗運動有關的人。有些較年輕的成員曾參與愛國童子軍（patriotic scouting），像是安東尼・馬西雷維茲（Antoni Macierewicz）和彼得・奈姆斯基（Piotr Naimski），有些較年長的成員是史達林時代的受害者。這些異議人士不只是「了解」歷史，歷史就是影響家族好幾個世代的傷痛。有幾位成員在第一次世界大戰之前成年，曾參與推翻德國和俄羅斯的陰謀。[25]

在工人保護委員會成立一年前，讓更多知識分子實際動起來的契機，是波蘭共產黨討論以新的憲章取代一九五二年的史達林時代版本。遵循著馬克思列寧主義的教條，修憲案的起草者寫了一段對他們來說合理無比的文字：波蘭和蘇聯之間永遠存在「兄弟情誼」。這段話讓異議人士想像自己的國家會永遠被強大的鄰居箝制。而且當時全球各地的人民正在脫離殖民統治！[26]該草案立刻引起多位知識分子發起一系列圍圈抗議（circular protest），其中最知名的是一九七五年年末的「五九人之信」（letter of fifty-nine）。

這個點子來自異議人士揚・歐謝夫斯基（Jan Olszewski），他是律師，曾當過《絕對》（*Po Prostu*）雜誌編輯，他和亞采克・庫隆以及年輕的社會學家亞庫布・卡平斯基（Jakub Karpiński）一起編輯了這封信，並交由世界知名經濟學家愛德華・李賓斯基（Edward Lipinski）在十二月五日向波蘭國會遞交這封信。連署人希望波蘭的憲法能夠保證思想、宗教、工作、資訊、科學和教育的自由。作為人權，這些自由密不可分，而且和民權有所交疊：工作自由必然包含組織自由結社（工會）；教育自由意謂著大學應當有權掌控校內事務；政府必須保障言論自由並且取消審查機制，資訊自由才有可能獲得保障。送出那封信之後的那幾週，又有好幾十人加入連署。驅動這個計畫的更深一層動力是大家害怕波蘭民族不再有未來。連署人聲明：「我們相信未能尊重人民自由，會讓社會漸漸失去民族意識，造成民族傳統被破壞，進而威脅了民族存亡。」

這種原則不只適用於波蘭。在赫爾辛基會議肯定對於思想、宗教、工作、資訊、科學和教育自由的尊重，「具有國際意義，因為沒有自由就沒有和平或安全」。[27]「人權」的另一個美妙之處是它能逼迫國際社會（至少在言辭上）想起波蘭這些地方的存在，同時讓波蘭反對勢力在改革社會主義失敗後找到新的路。在那之前，亞當．米奇尼克在文章中提到反對勢力分成兩個路線：馬克思修正主義者試圖從黨內推動改革；而「新實證主義者」（neo-positivist）試圖透過和當局合作來獲得更多自由，就像羅曼．德莫夫斯基（Roman Dmowski）對俄羅斯做的那樣。不過一九六八年讓大家看到，控制共產黨的勢力對兩種策略都無動於衷。一位歷史學家將人權稱為最後的烏托邦，但對於波蘭的反對勢力來說，人權是維持民族自我肯定的最後手段。[28]

由於每種權利互為必要條件，人權也是讓波蘭社會團結起來捍衛民族，以及對抗政府的最佳背景。十年前，左翼知識分子和天主教主教絕對想不到他們竟然會為了共同的目標努力。主教團也馬上跳出來反對修憲草案，害怕與蘇聯永遠結盟會讓波蘭境內的無神論永遠存在。隔年，教會領袖為工人發聲，聲稱工人被迫為了基本生存奮戰，他們自由表達的權利也被政府剝奪，這個政府重視產品勝過生產者，物質勝過人類。主教團在一九七六年十一月二十八日那個週日舉辦了為被開除和逮捕的工人祝禱的活動。作為某種回報，異議人士向波蘭國會抗議政府打壓宗教的做法違反了聯合國的人權相關協定。[29]

在一篇影響極深的文章中，米奇尼克將這個路線稱為「新進化主義」（new evolutionism）。顧名思義，社運人士並沒有放棄改變，不過他們承認那些努力必須經過時間的淬煉才會帶來成果。現在的重點不是對國家或政黨的掌權者施壓，而是「告訴人民該如何行動……最能命令政府的就是來自下面的壓力」，「每個反抗的舉動都能幫助我們建構民主社會主義」。他在結論中寫道。[30]

後來有些異議人士覺得這種說法過於左派，不過在那個當下，米奇尼克聰明地集合了對於現況的嚴肅分析（波蘭各社會團體匯聚起來）以及行動呼籲。一九七〇年代後半，由於經濟問題不斷惡化，幾乎說得出來的每個利益團體都向政府施壓。

異議團體偶爾會現身，不過多數時間他們潛伏在幕後成長。工人保護委員會發起「飛行大學」（flying university），舉辦各種和公共利益相關的講座，為了避免被檢舉和逮捕，這些講座每週都在不同的公寓進行。這種傳統最早可以追溯到一八八〇年代的異議人士教育家雅德維加・達維多娃（Jadwiga Dawidowa）為女性開辦的「飛翔大學」。[31]

在短短幾年內，發展成全國社會運動的工人保護委員會和其他反對團體（如「保護人權與民權運動」〔Movement for the Defense of Human and Civic Rights〕）印了好幾百本書籍、期刊和報紙。到了一九八〇年，地下出版社新星（Nowa）印了五十四本兩百頁以上的書。當時的邊界管制沒那麼嚴格，很多學生暑假會去英格蘭、義大利或西德，一邊在餐廳打工，一邊偷偷夾帶外國刊物回波蘭，再翻譯成波蘭文。由跨世代的男男女女組成的獨立訊息網路讓工人可以接收到各種非官方消息和積極參與倡議網路，特別是在波羅的海沿岸。他們在自行出版的報紙中告訴讀者「自由工會」正在暗地裡萌芽。[32] 波蘭國內還有另一個非正式的運動，他們自稱為學生團結委員會（Student Solidarity Committee）。

※

捷克斯洛伐克和匈牙利也出現了和波蘭類似的騷動：從一九七〇年代中期起，一小群一小群的作家、學者和藝術家開始探索未被國家管制的組織形態，且反對勢力領袖大部分都曾是共產黨員。和波蘭的拉多姆和烏爾蘇斯罷工事件相比，促使捷克和斯洛伐克異議人士動起來的事件一點都不戲劇化。在一九七六年（波蘭罷工事件的同一年），捷克斯洛伐克政府逮捕了搖滾樂團「宇宙塑膠人」（Plastic People of the Universe），罪名是「有組織地擾亂安寧」。[33]那個樂團在未獲得國家許可的狀況下在私人場地表演了好幾年，不過他們的歌詞原本並沒有任何顛覆意味，而聲援的憤怒民眾發起的小型運動本來同樣也沒有。此運動後來被稱為《七七憲章》（*Charter 77*），由哲學家、作家、歷史學家、經濟學家發起，這些人都「希望在個人和集體方面都能盡全力尊重民權和人權，無論在我國或全世界」。這並不是一個組織，而是一個「由不同主張、信仰和職業的人組成的鬆散、非正式、開放的團體」，他們的行為很單純，他們的「罪行」也是。他們呼籲捷克和斯洛伐克同胞簽署要求尊重人權的宣言——也就是《七七憲章》。第一批發言人是劇作家瓦茨拉夫·哈維爾（Václav Havel）、哲學家揚·帕托契卡（Jan Patočka）以及前外交部長伊利·哈耶克（Jiří Hájek）。[34]

到了一九八九年，已經有一千四百四十五位捷克斯洛伐克居民簽署憲章，幾乎每一位都被古斯塔夫·胡薩克（Gustav Husák）的政府懲罰，方式從讓人丟飯碗到監禁都有。憲章連署人和他們的家人不斷被騷擾，此外，那些想法僅在知識分子的小圈圈流傳，並沒有擴及一般民眾。[35]如果有捷克人和斯洛伐克人聽說過「憲章運動者」，那是因為官方電台和電視將他們描繪成壞人，當局甚至寫出一份「反憲章」並且要求人民簽署。歷史學家和作家揚·歐爾班（Jan Urban）因為拒絕簽名丟了教書的工作，後來當了十二年的磚頭工。一九八九年共產黨倒台後，他成為公民論壇

（Civic Forum）的發言人，不過當二十六歲的他拒絕簽署反憲章時，怎樣都沒想到共產體制會有結束的一天。

波蘭的狀況相反，數百名來自各行各業的市民經常連署支持公開信，幾乎沒有人因此受到懲罰。不過工人保護委員會本身受到政府監視，有時會被騷擾。政府這麼「克制」反映出他們很介意自己的國際名聲，因為對人民進行鎮壓可能會影響波蘭吸引外資的能力，讓他們無法處理龐大債務。

不過在一九七七年五月，克拉科夫（Kraków）一名工人保護委員會學生成員史坦尼斯瓦夫・皮亞斯（Stanisław Pyjas）從公寓墜樓身亡。警察說死因是喝醉失足，但他的朋友懷疑是兇殺，因此他的真正死因至今仍然是一個謎。[36]不過，工人保護委員會現在有了一個烈士。約五千名學生還有一些來自諾瓦胡塔（Nowa Huta）的工人出席了於五月十五日舉辦的殯葬彌撒。結束後，一群抬著黑旗的人走到皮亞斯的遺體被發現的那棟公寓，默哀一分鐘。同一天傍晚九點，有一群人回到事發現場，拿著蠟燭和之前的黑旗，一起走到維斯杜拉河（Vistula river）上面的瓦維爾

（Wawel）城堡，粗估約有至少一萬人參加遊行。群眾中雖有多位國安人員，可是他們害怕會引發血戰，因此不敢隨意出手；而學生們也沒有藉此反抗。到了城堡，一人朗讀了一份宣言，宣布學生團結委員會成立。在場者接著靜默一分鐘，唱了國歌，然後和平解散。[37]雖然各校校長警告學生不要效仿，還是有其他城市的學生舉行了類似行動：先辦悼念會，然後再遊行。在樂斯拉夫（Wrocław），約五千名學生出席了在大教堂舉辦的彌撒，結束後有一半的人走到若望二十三世（John XXIII）雕像面前，朗讀來自克拉科夫的聲明。據稱在羅茲和波茲南（Poznań）也出現了學生運動；在華沙，七百名學生簽了一份決議，要求政府對前一年針對工人的暴力事件展開正式調查。

同一個月，當局透過逮捕好幾十位工人保護委員會成員，試圖對該組織施壓，但是反而促使他們在華沙一間教堂發起絕食抗議，一些參與者甚至先前不是組織成員。試圖讓工人保護委員會消失反而讓它打開知名度，吸收更多成員。[38]吉瑞克陷入作繭自縛的窘境。和西方政治家見面時，他必須展現出有教養的樣子才能獲得資金，其中一些人——特別是美國總統吉米・卡特（Jimmy Carter）——提醒「愛德華」，波蘭曾誓言尊重人權。此外，工人保護委員會成員亞采克・庫隆聯絡了義大利共產黨領袖恩利科・貝林格（Enrico Berlinguer），請求義共譴責吉瑞克政府侵犯人權的舉動。這些事情在某程度上讓波蘭的領導人不敢輕舉妄動，工人保護委員會因此受益。一九七七年七月，前往貝爾格勒（Belgrade）和西方領袖會面前，吉瑞克釋放了工人保護委員會成員，並在下令前表示他不希望別人認為他是「黑道分子」。[39]在此同時，四萬個可能根本沒聽過工人保護委員會的人（大部分是工人和他們的家人）正在諾瓦胡塔參加新教堂的祝聖儀式，該儀式由克拉科夫的樞機卡羅爾・沃伊蒂瓦（Karol Wojtyla）主持。[40]

在波蘭以外的地方，批評政府的聲音並不大，最多只有幾千名異議人士，包括在捷克斯洛伐克和匈牙利組成的小團體。一九七九年，數百名來自布達佩斯的知識分子公開支持《七七憲章》。在那之後，「地下出版運動」（samizdat）也逐漸成型。從一開始，匈牙利異議人士就有一個盲點，那就是民族認同還有在其他國家屬於弱勢族群的匈牙利人——這些問題持續讓許多匈牙利同胞感到擔憂，有些人因此指控異議人士與現實脫節。[41]由於波蘭的地下出版十分蓬勃，來自不同社會背景的波蘭人民又在經濟持續惡化的情況下越來越團結，他們對捷克和匈牙利那些異議人士的想法可能還比捷克或匈牙利人更為熟悉，特別是瓦茨拉夫・哈維爾的理念。

✳

兩年後，波蘭人民的團結感又更強了，因為羅馬的樞機團選出了史上第一位波蘭籍教宗——樞機卡羅爾・沃伊蒂瓦，後來改名為若望保祿二世（John Paul II）。波蘭政府向莫斯科報告，警示沃伊蒂瓦是「激烈的反共分子」，不過大部分的波蘭人（包含共產黨員）都開心舉杯慶祝這個奇蹟。一九七九年夏天，若望保祿二世在當上教宗後首度回到家鄉，當時經濟危機正好惡化到新的高峰。他在八天內對幾十萬信徒布道，說服波蘭人情況有可能改變。他祈求上帝降臨改變大地——「波蘭這片大地」。群眾看到了這位穿著白袍的男人溫柔又有自信，說的話多麼直接；相較之下，發言總是混淆視聽的政府官員看起來顯然不自在。一個年輕男孩說：「現在我才明白，以前從來沒有人好好對我說過話。」[42]

教宗的造訪徹底改變了波蘭人對自己的認知——類似拉斯洛·拉伊克（László Rajk）在一九五六年重新下葬對匈牙利人造成的影響。在廣大群眾中，大家確認了自己過去一直隱約感覺到的事實：不是只有自己感到挫折絕望。組成大型組織的時機還未成熟，不過異議人士已經感覺得到，一股了解自己力量的新勢力正在萌芽。異議人士亞采克·庫隆將那一刻稱為「覺醒」時分。[43] 若望保祿二世向波蘭人的大聲疾呼，不是針對波蘭人作為消費者的身分，而是針對身而為人的尊嚴被剝奪這一點，這個訊息在接下來的十年間，激勵了波蘭人民在各種公開和祕密反對行動中做出偉大的自我犧牲。

經濟問題持續惡化，黨內高層也束手無策，連在精心安排的一九八〇年二月波蘭統一工人黨（Polish United Workers Party）第八次黨部大會都出現了批評的聲音。

圖 24.3　大批民眾前往教宗若望保祿二世的公開彌撒，有人舉著寫著「上帝保護教宗和波蘭民族」的旗幟（一九七九年六月）。
來源：Tomasz Mickiewicz (photographer). GFDL or CC-BY-SA 3.0.

大會結束後，雖然在檯面上沒有發生任何改變，不過目睹討論過程的人都知道一定會有黨員支持改革運動，尤其是升官之路受阻的中階官員。波蘭共產黨不是特別傳統的馬克思列寧主義者，有超過四分之一的黨員會定期上教堂，四分之三的人認為自己有宗教信仰。相較之下，在捷克土地或東德，大部分人都是無神論者，連在黨之外都是。[44]

一九八〇年七月，波蘭政府將民眾的不滿變成了最嚴峻的政治危機：政府提升了機械產業的工作規範，同時調漲多項商品價格，國營商店中約有百分之二的肉類受到影響。[45] 波蘭各地工廠的工人幾乎立刻罷工。罷工工人的策略是選出一個委員會，然後要求政府提高工資。波蘭中央很清楚過去工人動亂造成了多大的損失，因此下令要工廠管理階層同意工人的要求。不過隨著加薪的消息傳出去，越來越多工人罷工，連一些已經回去工作的人也再次加入罷工行列。雖然官方媒體全面封鎖消息，不過工人保護委員會等地下組織協助將消息傳到各間工廠。隨著罷工的場所增加（到了八月初已經有一百五十間工廠發生罷工事件），黨領袖吉瑞克出現在電視上，再次以波蘭同胞的身分向工人喊話，宣稱調薪會讓波蘭經濟瓦解。可是現在已經沒什麼人相信他了。由於不安情緒早已滲透至黨內上上下下，沒什麼人有決心處理罷工。吉瑞克並沒有以暴力鎮壓民眾，他在罷工浪潮蔓延到波羅的海沿岸時去克里米亞度假。

八月十四日，格但斯克列寧造船廠的早班工人拒絕上工。同一天下午，工人協助電工萊赫・華勒沙（Lech Wałęsa）翻過圍欄進入工廠。華勒沙曾參與一九七〇年的罷工，他於四年前因為在造船廠發表了煽動性言論被開除。充滿魅力又機智風趣的他，為瀕臨瓦解的罷工運動注入新生命。造船廠工人宣布發起占領罷工運動，並且提出一系列要求，包括調高工資，讓先前因政治理由被開除的工人復職，提供工人與警察同等待遇的家庭津貼，還有（華勒沙特別重視的）為一九七〇年受害者豎立紀念碑。[46]

八月十六日是關鍵的一天，管理階層妥協接受工人的訴求，華勒沙宣布罷工成功。數千位工人開始從大門離開，準備回家。可是雅琳娜．皮安寇斯卡（Alina Pieńkowska），一個年輕護士兼地下報社編輯，用廣播叫大家回去工廠。大家忘了其他規模較小的格但斯克工廠嗎？那些同胞的訴求還沒有成功。在以男性為主的造船廠中，皮安寇斯卡在三位女性（安娜．瓦倫第諾維茲〔Anna Walentynowicz〕、亨莉卡．克齊沃諾斯〔Henryka Krzywonos〕、艾娃．歐索斯卡〔Ewa Ossowska〕）的協助下攔下了數十名工人，包括她的父親，說服他們繼續占領格但斯克造船廠，表示和其他地方的工人團結一心。[47]

罷工運動散播到鄰近的格迪尼亞以及其他城市的幾十間工廠，工人提出的訴求越來越多：捍衛媒體近用權；釋放政治犯；自由工會；以及皮安寇斯卡提出的提升醫療服務品質。工人明白這個工會運動不能只是關於工人的運動，它是波蘭人權運動的巔峰，因為組成工會的權利是民權的一種，它隱含了言論自由和出版自由這兩種權利，以及「讓所有理念的代表都可以透過媒體傳播」。[48]

波羅的海的工人還記得十年前的教訓，當年他們一離開工廠便立刻被警方暴力鎮壓，甚至遭到射殺。這次他們待在工廠不走，請人幫忙送食物進去。原本用來保護社會主義政府資產的工廠大門，現在卻保護著罷工工人不受到社會主義政府攻擊。[49]除了提供罷工者一個安全的堡壘，「占領罷工」也有其他好處：工人能把裡面的高價機器當作抵押品；避免被鎖在門外；讓大家在被包圍的情況下士氣更高昂。

很快地，「跨工廠罷工委員會」（interfactory strike committee）出現了，他們代表了波羅的海沿岸的格但斯克、格迪尼亞和索波特（Sopot）三聯市地區約五萬名工人。對一九七〇年罹難工人的弔念，讓他們彼此有了強烈的情感連結。在八月十七日那個週日，工人在格但斯克造船廠前面豎起一個被祝福過的巨大木頭十字架，那個地方就是上次罷工中四位工人被槍殺的地點。那裡變成了祭壇，每天都有人供奉鮮花，晚上還會點上蠟燭。從禁酒規定就看得出來工人們態度多麼恭敬。如果有人喝酒被抓到，其他人會把酒倒掉，然後用廣播公布名字羞辱他。

自由近用媒體或成立獨立工會的請求反映了所有波蘭人的需求，和先前其他罷工運動不同，這次政府沒辦法用一點錢打發工人。由於工廠之間會相互傳遞訊息，政府當局無法鎖定某個特定工廠然後用錢擺平工人。到了八月十九日，其他城市的工人也組成了跨工廠罷工委員會。政府派了代表去波羅的海沿岸，卻遭遇了惡意的指責：如果和德國打仗是為了爭取自由，為什麼政府要把工人保護委員會成員關起來？為什麼要剪斷格但斯克的電話線？

皮安寇斯卡用一個簡單的計謀成功將罷工工人的訴求傳回華沙：向火車站服務中心的員工借用公務電話。電話撥通後，那位員工和每一位排隊的民眾默默聽著她大聲向亞采克·庫隆說著罷工的細節。[50] 在那個火車站還有格但斯克大部分的地方，波蘭共產主義早已擅離職守。身在華沙的庫隆聯絡西方媒體把消息傳出去，隔天西方媒體又把那些工人的訴求傳回了波蘭。

政府派來的代表米齊斯瓦夫・亞蓋爾斯基（Mieczysław Jagielski）抵達造船廠時，他被迫把車停在大門外面，前往談判場地時被一群憤怒的工人夾道批評辱罵。中央只對他說「把這件事情擺平」，他也沒辦法即時和華沙連線，別無他法的亞蓋爾斯基覺得很丟臉，很快就向工人們道歉，說他也是「善良的波蘭人」，在戰時受過苦。後來政府逐步做出退讓，重新恢復通訊並讓媒體報導談判過程。八月二十七日，官媒報社印了工人提出的二十一項訴求。[51]這件事再加上政府並未採取暴力鎮壓的做法，成為蘇聯集團史上的革命性發展。

回到華沙後，亞蓋爾斯基告訴黨內高層跨工廠委員會控制格但斯克的一切，而且獲得「社會」全體支持。工人代表沒有意願妥協，一直重複問一個簡單的問題：共產黨是否允許工人組成自由工會？亞蓋爾斯基指出，那些工人並沒有做出違法行為，而是一直遵守著「我們簽署的《日內瓦協議》」。他認為政府應該退讓，但也認為黨如果夠努力的話還是有辦法滲透新的工會。到了八月底，罷工運動已經往西蔓延到史特丁，往南到樂斯拉夫、羅茲以及西利西亞（Silesia）工業中心，共有七百間工廠的七十萬名工人參與罷工。高層叫亞蓋爾斯基簽署協議。[52]在他簽完名之後，華勒沙拿出一支印著若望保祿二世圖像的超大紀念筆，簽下他的大名。

九月初，愛德華．吉瑞克因「健康因素」請辭。團結工聯就此成立，它有權利代表工人，不過它也支持「生產工具由社會共有的原則，這是波蘭社會主義體制的基石」。團結工聯也承認波蘭統一工人黨在國內的領導地位，還有「已確立的國際盟友體系」。

從此開啟了團結工聯和波蘭共產黨長達十五個月衝突不斷的共存。亞蓋爾斯基後來提到當時狀況的說法，暗示了政府其實不想讓獨立工會蓬勃發展。光是登記分會就拖延了好幾個月，中間還時不時發生衝突，例如一九八一年春天，比得哥什（Bydgoszcz）的工會代表被毆打，差點引發大規模罷工。工會各個分會一再舉辦警示性罷工，提醒政府遵守約定，而且工會運作一直被政府騷擾。在波蘭邊界之外，蘇聯和其盟友（尤其是東德和捷克斯洛伐克）威脅要為兄弟出手，解決波蘭國內那些「社會主義的敵人」。一九八〇年至一九八一年的那個冬天，全世界緊張地看著情勢達到高峰。雖然波蘭邊界出現大量坦克，不過他們最終沒有發動攻擊。一九八一年二月，來自士紳家族的國防部長沃伊切赫．雅魯澤爾斯基將軍（Wojciech Jaruzelski）當上總理；同年十月，他取代吉瑞克之後的史坦尼斯瓦夫．卡尼亞（Stanisław Kania），成為總書記。

團結工聯和政府相互指責對方是波蘭經濟不斷惡化的原因。到了一九八一年秋季，在波蘭大部分地區不需配給卡或大排長龍就能買到的物資只剩下火柴和醋。團結工聯準備在格但斯克召開第一次大會，那年冬天不知為何特別地冷。趁所有工會領袖齊聚一堂，雅魯澤爾斯基將軍突襲，宣布戒嚴，將那些領袖全關了起來。軍隊接管了波蘭，人民的移動和聚會都受到管制，警察揪出更多社運人士。卡托維茲（Katowice）的烏耶克（Wujek）礦坑工人拒絕軍方接管，因此被政府開槍鎮壓（九人喪生，二十一人受傷）。

戈巴契夫：脫離史達林模式的民主？

波蘭宣布戒嚴時正好是冷戰情勢最緊繃的時期，也就是美國總統雷根（Ronald Reagan）剛上任那一年。中歐人看著兩大強國部署或宣稱要部署新一代的大規模毀滅性武器在鐵幕兩側的西德跟東德。一九八二年秋季，年邁體衰的布里茲涅夫逝世，蘇維埃的統治權傳給一個又一個年邁體衰的領袖（尤里・安德洛波夫〔Yuri Andropov〕於一九八四年逝世，康斯坦丁・契爾年科〔Konstantin Chernenko〕於一九八五年逝世）。

危機持續多時後，改革者米哈伊爾・戈巴契夫（Mikhail Gorbachev）在一九八五年三月上台。有些人認為蘇共選他為最高領導人是為了回應中東歐的抗議行動，特別是波蘭。不過當時社會主義國家萎靡不濟的經濟明顯威脅到蘇聯的超級強國地位，因此體制內部的勢力也歡迎某種改革者的出現。令人費解的是，蘇維埃體制竟然能創造出這一種改革者。雖然戈巴契夫身邊都是經歷過並得益於史達林主義和新史達林主義的男人（指定他繼位的是因參與一九五六年鎮壓而被匈牙利人唾棄的尤里・安德洛波夫），這位新上任的總書記相信自由交流觀點的重要。事實上，他認為批評會讓社會主義更強壯。一九八七年一月，他在蘇共中央委員會開會時說：「我們需要民主，如同我們需要空氣。」[53]同時他的動機也來自馬克思主義最原始的改革信仰。

戈巴契夫希望蘇聯不要繼續浪費資源在東歐，無論是軍事、政治或經濟上。不過他也沒有將那些衛星國單純視為麻煩。他信奉人道的社會主義，因此對布拉格之春產生好奇（他在莫斯科讀書時和改革共產主義者茲德涅克・姆林納日〔Zdeněk Mlynář〕結為好友），也對匈牙利的亞諾什・卡達爾（János Kádár）政權推動的經濟改革有興趣。戈巴契夫夠實際，願意欣賞東德的列寧主義者，他們的國家穩定，生活品質高，人民有肉可吃，有公寓可住，還享有醫療服務——這在莫斯科、華沙和布加勒斯特（Bucharest）都看不到。

羨慕東德展現出的經濟力量的不只是戈巴契夫。一九八七年，西方經濟學家根據相關數值型資料算出各國的每人平均所得，發現東德排在英國前面，那可是經濟發展的重大指標。直到一九八八年，就連嚴肅的西方報社也將德意志民主共和國形容為強國。雖然大家知道東德和其他國家一樣背負龐大債務（以每人平均的數字而言），不過沒人認為那會影響到經濟成長和持續的「成功」。記者彼得．梅瑟伯格（Peter Mersburger）於一九八七年寫道：經濟萎靡的東德已經是「好久以前的事」。[54] 他認為德意志民主共和國這個解決了失業和社會安全問題的國家將持續蓬勃發展，也稱讚該國房租低廉，完全忽略低房租反映出對住宅的投資率很低。只要仔細研究資料便能得出更令人警醒的結論，可惜幾乎沒有人那麼做。德意志民主共和國比波蘭有錢太多，沒人相信它也可能暗藏更深層的問題。東德的人均國民生產毛額比蘇聯多了百分之四十。[55]

德意志民主共和國在經濟方面的成功只是假象，實際上這個國家負債累累，甚至因為沒錢整修，直接把世界一流的百年建築瑰寶拆了，格萊福斯瓦德

（Greifswald）、威瑪（Weimar）、布蘭登堡（Brandenburg）都有建築慘遭毒手。德意志民主共和國在各個產業都沒有競爭力，就連一九七〇年代晚期國家開始大舉投資的微電子科技都沒有。到了一九八八年九月，經過十七個聯合企業（Kombinate）二十五萬名員工的努力，以及一百四十億馬克的投資之後，德意志民主共和國終於成功產出自家的 1Mb 晶片。雖然政黨官媒將這件事寫成天大的好消息，事實上這已經落後西方好幾年。當時東芝在兩年前就已經開始量產 1Mb 晶片，並且正在研發 4Mb 晶片。[56]

相對舒適的生活品質是極為幸運的結果：東德原本就有的堅強工業基礎；一九五〇年代的大量投資；一九七〇年代和一九八〇年代的合理組織改革（聯合企業）；以及西德將德意志民主共和國視為統一德國的一部分，讓它可以進入歐盟各國市場以及向歐盟國借好幾筆高額貸款。雖然如此，東德領袖並不覺得有改革的必要。東德的意識形態倡導者庫特．哈格（Kurt Hager）說他的國家不需要戈巴契夫那些開放改革的計畫——鄰居貼上新壁紙，不代表你家也要那麼做，這是很簡單的道理。東德領袖何內克甚至取笑戈巴契夫：「那個年輕人才執政一年就野心那麼大，真自不量力。」[57]

匈牙利改革

匈牙利共產黨內那些想要改革的務實派比較支持戈巴契夫的計畫，他們希望讓社會主義繼續延續下去。乍看之下，匈牙利很成功，城市到處都看得到各種消費品，造訪匈牙利的人都覺得那裡看起來和西方國家一樣。一九八〇年代，好幾間歐洲最高檔的餐廳就在布達佩斯。即使在共產主義垮台好幾年後，英國歷史學家奈吉爾・史威恩（Nigel Swain）仍然在一本重要著作中將匈牙利的狀況稱為「可行的社會主義」。[58]

第一個在匈牙利推動改革的是伊姆雷・納吉（Imre Nagy），他認為史達林主義的指揮架構會阻礙理性決策過程（不過如同我們在第二十一章看過的，是卡達爾政府在一九六八年一月一日推出了作為全方位改革方案的新經濟機制）。新經濟機制更重視企業內決策，依據實際價值調整了價格，並且提供提升生產力的激勵措施。國家仍然間接控制生產，不過不是透過規定數量，而是透過提供優惠貸款、訂定價格，還有對企業收稅。為了保護國內產業不受到全球市場威脅，匈牙利政府獨占了外貿的控制權。[59]

第一個展現出改革成果的領域是農業。匈牙利採取相對適宜的農業集體化政策，不是成立國營農場，而是採用合作社體系，讓私人企業成為主力。彈性價格的做法也很成功。到了一九六〇年後期，匈牙利農場穩定出口穀物，肉類蔬果的產量也有所增長。[60]其中最重要的創新是影響所有經濟層面的合作社自治：管理人員可以自行決定如何經營農場。將這個原則應用到整個農業部門後，出現了各式各樣因地制宜的合作社，畢竟當地人最清楚自家土壤最適合種植哪種葡萄或穀物。

雖說這些改革讓社會主義農業變得更有競爭力，不過它們也帶來極大風險。社會主義體制的核心價值是公平，可是現在農民之間出現了差異。他們的報酬不是按照工作天數而是按照產量計算，而且農田都握在管理層手中，因此出現了佃農階級。[61] 此外，即使推動了那麼多創新，匈牙利農業的產能和效率仍然遠遠追不上西方國家。

早期的改革也曝露出一個意識形態缺陷。共產黨認為國有才是最佳選擇，社會主義是建立在鋼鐵水泥之上的社會，因此新經濟機制只是權宜之計。匈牙利共產黨並沒有打算接受真正的市場機制，因此出現了經濟學家亞諾什・科奈（János Kornai）所謂的「軟性預算限制」（soft budget constraint）。由於公司不會破產，管理階層並沒有把稅款和價格政策當作實際存在的限制，而是當作「可以討價還價的會計關係」。國家變成了「承擔所有道德風險的保險公司，大家都知道這會有什麼後果：被保險人不會那麼謹慎地保護資產」。軟性預算限制讓公司就算績效不佳也不會倒閉，阻礙創新。[62]

雖然一九八五年戈巴契夫上台時布達佩斯的商店櫥窗看起來光鮮亮麗，匈牙利的經濟改革事實上並不成功。接受和西方公司合作等市場機制並沒有帶來可靠的經濟成長，更別說讓匈牙利有能力和西方國家競爭。軟性預算限制持續造成難以預測的物資短缺問題。[63]鋼鐵和煤炭等傳統社會主義產業拖累了其他比較有潛力的產業，使得匈牙利在電子或塑膠等新產業上完全跟不上其他國家的發展。還有一個嚴重問題是龐大又效率低落的政黨與保安體系。每間公司裡面都有領全職薪水的黨工，名目上要負責監督公司運作是否遵守黨的路線。無產階級專政因此不可能創造物質豐饒的社會，將人類從勞動分工和資本統治造成的異化中解放。到了一九八〇年代，這個專政政權的主要目標是活下去。

就算匈牙利率先推出的改革在經濟層面上可行，勞工會不會支持改革又是另一個問題。換句話說，拯救社會主義的唯一辦法似乎對它應該幫助的階級不利。從一九六〇年代後期起，勞工看到他們的地位受到消費主義威脅，因為他們必須增加工時、減少和家人相處的時間，才有辦法負擔得起那種生活（例如搭建私有住宅）。由於新經濟機制讓價格反映產品的真實價值，肉類和乳製品等基本物資變得比從前貴。一九七〇年代，社會分化越來越明顯，遊走灰色地帶的「準市場」

（quasimarket）迅速發展。到了一九八〇年代，工資凍漲，越來越多組織私有化（連工廠都是），勞工工時越來越長，就連失業率也再次上升。64

一九七九年之後，新經濟機制從「機制」變成了隨機行事的緊急紓困措施，以避免匈牙利背負龐大外債又未能實現對人民的承諾（黨會提供社會安全和舒適的生活品質，換取政治順從）而面臨垮台的危機。也許對這個社會主義國家來說，新經濟機制最自掘墳墓的一點是讓匈牙利參與東西貿易，進而向西方銀行借錢。拖延時間和維持政局穩定的代價是短期和長期的龐大債務。65

布達佩斯擺滿各種商品的櫥窗讓戈巴契夫看了感到樂觀，但他沒看到背後隱藏的恐怖事實。匈牙利非但沒有解決經濟萎靡的問題，甚至讓問題擴散到各個市場，在國內國外都是，未來也沒有任何保證。體制的意識形態規範（共產黨永遠握有控制權，不准讓「資本主義」再次出現）和越來越被共產黨黨員接受的經濟理性原則，兩相結合後創造出無法脫離社會主義，卻也無法完全擁抱資本主義的系統，可說最為糟糕。

當時沒人將這些發展視為共產主義倒台的預兆。反對政府的匈牙利作家喬治・康瑞德（George Konrád）在一九八〇年代早期寫道，體制變得「對自己更有信心」，甚至邀請異議分子「展開對話」和「交流意見」。當局將自己打造成不可或缺的調解者，一邊是擁有明確希望和要求的匈牙利人民，一邊是預期匈牙利至少要遵從最低限度傳統的蘇聯政權。比較年輕的務實派政黨幹部沒有試圖干擾西方廣播電台的訊號，也允許市民旅行至西方國家，讀西方的報紙。[66]許多人認為這種放任做法似乎是老謀深算地展現深層的實力與自信。到了一九八〇年代後期，遭受政治迫害而移居國外的歷史學家米克羅斯・莫拿（Miklós Molnár）觀察到幾乎每個領域都出現了各種自治團體，包括宗教社群、文化協會、民謠團體，其中也有現代樂團。對他來說，這些社會多元主義讓「政權得以維持**穩定**並且獲得大眾支持」。[67]

康拉德在結論中寫道：「雖然蘇維埃帝國內部出現許多問題，不過整體來說狀況不錯，並沒有垮台的跡象。」[68]蘇聯是超級強國，它手上的傳統武器和核武讓西方緊張不已，它的馬克思思想在北約國家中也有大量支持者。除此之外，蘇聯在核武軍備競賽中成功追上美國後，兩大強權轉為爭取對亞洲、非洲和中美洲國家的影響力（當時這些地區剛從殖民國獨立）。一九八〇年代，全世界有三分之一的人口都活在馬克思列寧主義的統治之下，而且似乎人數只會越來越多。[69] 北越剛剛擊敗美國。在南亞和東南亞、中東、非洲、中美洲和南美洲，數百萬人贊同國家社會主義，蘇聯派了顧問前往莫三比克、敘利亞和尼加拉瓜，古巴則派出士兵到安哥拉打代理戰爭。世界各地的左派人士都希望蘇聯領導人戈巴契夫成功。

另一方面，戈巴契夫在東歐各國領袖之間就沒那麼受歡迎了，畢竟他們許多人的背景都可追溯到史達林時期。除了匈牙利之外，唯一大力支持戈巴契夫的只有波蘭的領導人，包括在一九八一年派出坦克鎮壓工人的沃伊切赫·雅魯澤爾斯基將軍。這位將軍其實和戈巴契夫一樣是溫和派，他屏棄了胡薩克在一九六九年之後於捷克斯洛伐克推動的「正常化」策略，沒有要求波蘭人遵循太多規範。波蘭共產黨雖然禁止公開政治抗議活動，但是也沒有積極打壓地下出版，讓地下刊物得以蓬勃發展。到了一九八〇年代後期，有些出版社的書甚至有彩頁。華沙的地下報社《馬佐夫報》（*Gazeta Mazowsze*）每週發行量高達五萬至八萬份，由數千名社運人士（年輕人為主）協助派送。雖然領導階層的人常常被政府拘留，不過團結工聯在地下運作如常，大部分事務都由女性掌管。[70]

捷克劇作家瓦茨拉夫・哈維爾在一九七八年寫了一篇影響深遠的文章，鼓勵同胞拒絕按照政府的期望自動接受扭曲的現實，力勸人民戳破謊言。[71]團結工聯在波蘭做到了。人民擺脫了恐懼，即使在國家進入戒嚴狀態後仍然繼續在餐廳、火車車廂、理髮店或是大學講堂發表意見。政府嚴禁任何大型公開抗議活動，例如為紀念一七九一年五月三日憲法，每年於克拉科夫瓦維爾城堡舉辦的紀念活動。但除此之外，波蘭共產黨對其他事情並不追究，因為他們沒有意願也沒有能力將波蘭人民打造成虔誠的社會主義者。

如果說團結工聯改變了波蘭，它也成功改變了蘇聯集團。在一年半內，它向世界宣告工人在這個自稱工人國家的地方成功建立了獨立工會。團結工聯挑戰了列寧主義的核心思想，那就是所有工人只有一種利益，由一個政黨代表。東德和捷克的媒體再怎麼努力也無法抹滅團結工聯的誕生是出自於工人的需求，而不是資本主義的陰謀。透過這個工會的存在，再加上空空如也的超市貨架、過於擁擠的居住空間、徹底被摧毀的環境，波蘭的工廠工人向世界明確地表達，國家社會主義的無能讓他們無法過上有尊嚴的生活。

所有蘇聯集團國家都有些問題要解決，不過波蘭的狀況最嚴重，因此也催生出最堅決的反對勢力。到了一九八〇年代，這個國家也成為其他中東歐國家的異議人士的聖地，他們迫切想要知道怎麼戳破政府布下的謊言。[72]我們永遠不會知道，如果沒有波蘭反對勢力的話，蘇聯改革者戈巴契夫是否還會出現；不過我們知道，東德和捷克斯洛伐克這種受到控制的社會一定會宣稱他們不需要任何重大變革。在此同時，卡達爾政權下的匈牙利在不斷測試計畫經濟的各種可能後，揭曉了試圖改革國家社會主義經濟的結果：不是長期的物資短缺，就是難以為繼的債務，甚至是兩者並存。

羅馬尼亞：國家史達林主義

戈巴契夫的領導路線和史達林主義正好相反，他想要鬆綁蘇維埃對東歐的控制。[73]可是那個策略很矛盾，甚至會自掘墳墓，因為東歐領導人的權力基礎都建立在蘇維埃的支持之上。[74]因此，除了匈牙利和波蘭共產黨以外，其他地方的共產黨並沒有被解放的感覺，反而因為戈巴契夫的做法感到無比恐懼。戈巴契夫參訪捷克斯洛伐克、東德和羅馬尼亞時，明顯看得出來民眾的反應差異很大，讓人尷尬不已。一九八七年春天，布拉格的民眾高聲呼喊「戈巴契夫，戈巴契夫」，歡迎這位蘇維埃領袖的到來。他後來向政治局（Politburo）成員描述起那個畫面：「胡薩克就在我旁邊，可是就像他不在場一樣。我一直想把他推向前，一直對大家說『胡薩克同志和我』，可是民眾沒有任何反應。」他在德意志民主共和國也注意到類似的情形，「人民比領導階層更有政治觀和高度」。[75]

如果說捷克斯洛伐克和東德的領導人讓戈巴契夫擔憂，羅馬尼亞的情況則是就連人民都令他憂心。他在一九八七年五月參訪羅馬尼亞之後跟其他同志說：「我和尼古拉．西奧賽古（Nicolae Ceaușescu）出去和人民打招呼時，他們的反應就像上了發條的音樂盒一樣：『西奧賽古、戈巴契夫！』、『西奧賽古、和平！』，感覺超詭異。」後來有人告訴他，那些哭喊的人都是直接坐遊覽車到現場的走路工。戈巴契夫繼續說道：「人類尊嚴沒有任何一點價值，我整趟旅程都沒機會跟人正常對話。」在西奧賽古眼中，不需要做出任何改變，因為沒有任何問題。這位羅馬尼亞領導人「意外地放肆無禮，自戀和吹噓的本領無人能及，對別人說教和責備的能力有過之而無不及」。[76]

不過話說回來，西奧賽古在一九六〇年代就曾讓蘇維埃領袖嚇一大跳，因為他拒絕和其他華沙公約成員一起對捷克斯洛伐克發動攻擊。此外，在他統治之下的羅馬尼亞是第一個和西德建立外交關係的蘇聯集團國家（於一九六七年建交），也只有羅馬尼亞一直跟中國維持友好關係，在六日戰爭（Six-Day War）之後依然與以色列保持友好。從這個觀點來看，西方將這位羅馬尼亞獨裁者讚譽為特立獨行的領導者。雖然戈巴契夫造訪的每個地點事前都經過精心安排，所有他眼睛所及的地方都重新整修過，這個國家的衰敗仍然逃不過他的法眼，他向莫斯科的官員報告：「平均每人食肉量為每年十公斤，電力、暖氣、食物和日用品常常短缺。」[77]

身為廣受愛戴的民族主義者，西奧賽古會那麼受歡迎一部分是因為羅馬尼亞於一九六〇年代後期的經濟發展。當時羅馬尼亞看起來好像走上了現代化的路線，在許多方面來說和西方的福利國家沒什麼不同。就連波蘭異議人士米奇尼克也認為西奧賽古剛上台的那幾年，讓人感覺社會主義有希望走出更好的路。[78]關鍵是破除迂腐的思想和行為，培育出進行現代經濟活動、生活在核心家庭的新世代。在一九六〇年代後期，羅馬尼亞人民過得比父母那一代更好：生活在都市而非鄉村，外頭是柏油路，家裡有自來水；大眾識字率提升；包裝樸素的現代電器，例如冰箱、洗衣機和汽車。相對富裕的生活和民族獨立的認知讓民眾對政府很有好感，好幾千人申請加入共產黨。到了一九八〇年代，羅馬尼亞有百分之二十三的成年人家裡有黨出版的刊物，比其他蘇聯集團國家都高。[79]

羅馬尼亞共產黨看似變得更技術官僚和任務導向，一心只想達成目標，不再注重「意識形態」。可是不關心政治的管理主義只是假象。到了一九七〇年代初期，西奧賽古宣稱他的黨內對手是「史達林主義者」，將他們調派邊疆，成為無可置疑的領導人。一九七一年的北韓之旅是個轉捩點，他在那裡見識到布里茲涅夫的蘇聯集團缺乏的純粹主義和紀律，回國後開始在死板的意識形態中融入民族使命。西奧賽古成為羅馬尼亞價值的捍衛者，他公開譴責知識分子世界主義（intellectual cosmopolitanism），不斷展現羅馬尼亞人在羅馬尼亞疆域內代代相傳的團結一心。[80]根據羅馬尼亞歷史學家的說法，馬克思（Karl Marx）「曾強調羅馬尼亞人民在歷史上一直很團結，而且世世代代已經在這片土地上居住了數千年」。[81]

羅馬尼亞媒體從一九六四年開始就一直暗示著羅馬尼亞活在蘇維埃的威脅之下，西奧賽古上台後更大力推廣這個說法，他認為蘇聯在一九六八年入侵捷克斯洛伐克的行動讓羅馬尼亞陷入危險。西奧賽古政府將歷史重新改寫，反駁當時東方集團習慣將二次大戰形容成德意志人和拉丁人對抗斯拉夫人（波蘭人、俄羅斯人和捷克人）的戰爭。在西奧賽古的版本裡，羅馬尼亞人從遠古時代起就一直被斯拉夫人和馬扎爾人（Magyar）欺壓，現在他們要起身反抗俄羅斯人，如同當年他們起身反抗鄂圖曼人（Ottomans）。這個正當性主張的前提是，他是羅馬尼亞史上最強大的領袖，只要靠他一人就能保護全國人民。他用這個說法獲得民眾（甚至是批判政府的知識分子）的支持。[82]雖然現在回頭看來，羅馬尼亞的獨裁共產政權既失常又殘暴，但尼古拉·西奧賽古在一九七〇年代達成了其他共產黨領袖做不到的事。如果說其他領導人透過承諾提供更好的生活品質「收買」菁英階級，那麼西奧賽古就是用融合傳統排外主義的意識形態擄獲民心。

一九七四年十一月，西奧賽古當上總統，權力在握的他開始操作個人崇拜，將自己打造成「工人階級的英雄，偉大羅馬尼亞領袖的繼任者」，曾成功保衛家園不受外人入侵。羅馬尼亞經濟快速成長，重工業也快速多元發展，不過一切在一九七八年突然變調。過度投資鋼鐵和石化產業用光了羅馬尼亞的自然資源和人力資源。[83]但是西奧賽古擁有就連吉瑞克和何內克都不曾擁有過的權力，宣稱這些都是為了保護羅馬尼亞不受到外界施壓的必要犧牲。

知識分子忙著將西奧賽古描繪成「天才」以合法化統治，有些人甚至寫了論文並把西奧賽古列為作者。西奧賽古的太太埃列娜（Elena）也找了寫手，沒人抗議這些事情降低了羅馬尼亞學院（Romanian Academy）的格調，一九七五年數學研究所（Institute of Mathematics）解散或是一九七七年歷史古蹟委員會（Commissions of Historic Monuments）關閉時也沒人說話。也許傷害最大的是，在一九七八年，知識分子階級默許政府毀滅教育體制，立法將學校認定為工業生產的一環。不過風暴即將來臨。一九七七年八月，日烏（Jiu）地區的三萬五千名礦工因為政府提高退休年齡且時常要求他們加班而罷工抗議，最後在西奧賽古親自介入之下才結束。[84]

到了一九八〇年代初期，這位獨裁者的聲望開始消退，因為大家發現跟波蘭或匈牙利的領導者相比，他不願意放寬管制，甚至以強化羅馬尼亞民族的名義做出各種侵害人權的舉動，例如剷平匈牙利人的村落，或是為了提高生育率剝奪羅馬尼亞女性的生殖自由。＊[85]西奧賽古面臨最直接的挑戰可能是上漲的油價，之前他一直仰賴低廉的油價達成不切實際的經濟目標。一九八〇年代初期，羅馬尼亞的龐大石化工業使用的都是價格高昂的進口石油，加拉茨（Galați）和克勒拉希（Călărași）的鋼鐵廠使用的鐵礦也都是進口的，這些讓羅馬尼亞快速累積了無力償還的龐大外債。[86]

到了一九八三年，羅馬尼亞的外債金額已經來到一百億美元。這個狀況其實並不少見，到了這個時期，匈牙利、波蘭、東德甚至是蘇聯都已經累積巨額的外幣債務，少見的是羅馬尼亞政府竟然認定崇拜政府的人民，會無條件承擔獨裁者要他們做出的任何犧牲。西奧賽古向西方國家出口農產品換取強勢貨幣，完全不管此舉會造成國內食物短缺。他將能源保留給生產出口產品的工業，讓私部門沒有任何能源可用，羅馬尼亞因此陷入了愁雲慘霧的十年，房子沒有暖氣，街上一片黑暗。一九八三年，國際貨幣基金組織（IMF）估測，羅馬尼亞的生活水準與前一年相比下降了百分之二十。[87]與東德相同，羅馬尼亞為了換取西方強勢貨幣而將政治犯賣去西方。[88]那對羅馬尼亞人民來說只是噩夢的開始。

在匈牙利和波蘭自由化的同時，羅馬尼亞卻開始箝制社會。一九八三年，政府規定所有打字機都必須註冊。西奧賽古宣稱大家必須做出這些犧牲才能捍衛羅馬尼亞榮譽，保護國家不被外國介入。在某方面來說，他等於向全世界宣戰，一開始先攻擊當地的異族（住在外西凡尼亞的匈牙利人），然後再攻擊匈牙利本國，接著攻擊蘇聯（因為蘇聯宣稱羅馬尼亞「違反」了經濟互助委員會〔Comecon〕和《華沙公約》的協議），最後攻擊西方國家（他們要求羅馬尼亞遵守赫爾辛基的協議，停止侵犯人權）。[89]除了納粹德國和史達林俄羅斯，歷史上沒有像他這麼誇張的個人崇拜，官媒甚至將他形容為「羅馬尼亞史上最偉大的領袖」。

但是在一九八五年三月，西奧賽古某天醒來發現一切都變了。在戈巴契夫出現

＊編註：西奧賽古在七七〇法令中，限制婦女墮胎、避孕，希望增加羅馬尼亞人口，卻導致非法墮胎的比例升高，孕婦死亡率飆升。

圖 24.4　雷莎・戈巴契夫（Raissa Gorbacheva）、
尼古拉・西奧賽古、米哈伊爾・戈巴契夫、
埃列娜・西奧賽古（一九八八年十月）。
來源：SPUTNIK／Alamy Stock Photo.

後，俄羅斯對羅馬尼亞人民來說突然變得比較像是救贖而不是威脅。雖然戈巴契夫在一九八七年五月見到的「哭喊民眾」都是黨用遊覽車載來的走路工，這位蘇維埃領袖在羅馬尼亞其實很受歡迎。雖然沒有表達出來，不過人民希望能參與蘇聯的改革重建計畫（perestroika）。[90] 狂妄自大的西奧賽古忽略了一個基本的事實，雖然他公然藐視蘇維埃，但正是蘇維埃的布里茲涅夫主義（決心保護已建立的列寧政權），讓他能夠犯下那些惡行。若戈巴契夫全面撤回保護政權的信條，那麼能保護西奧賽古不被人民攻擊的就只剩下祕密警察和他的黨。萬一人民對他不再忠誠了呢？

和其他蘇聯集團領袖一樣，西奧賽古早就收到了警告。一九八五年三月，在康斯坦丁．契爾年科的葬禮上，剛上任的戈巴契夫向各位領導人表示蘇聯會尊重各國主權，不過他們必須為自己國家的發展負責。他在一九八六年十一月補充，東歐的共產黨領導人必須努力獲得自家人民的信任，蘇聯不會透過軍事介入解救他們。[91]兩年後，戈巴契夫在聯合國公開向全世界說了這句話，宣布「武力或是武力威脅不能也不應該成為外交政策的工具……必須履行自由選擇的原則……若剝奪一個民族自由選擇的權利，無論是用什麼藉口或說詞包裝，那都是在破壞現在不穩定的平衡……選擇自由是舉世通用的原則，無一例外」。這個原則「資本主義和社會主義體制皆適用」。[92]

chapter 25

一九八九年

一九八九年十一月下旬，革命正在捷克斯洛伐克展開，每天都有成千上萬公民湧入全國各城鎮中心，要求結束一黨專政。十一月二十三日晚間，英國歷史學者提摩西・賈頓・艾許（Timothy Garton Ash）在與當時竄升為革命領袖的異議作家瓦茨拉夫・哈維爾的酒席間，提出了大膽預言。他說，推翻共產政權在波蘭用了十年、在匈牙利用了十個月、在東德用了十星期，說不定捷克只要十天？事實證明他是誇大其辭，但也相去不遠。一個月剛過沒多久，哈維爾當上了總統。[1]

一九八九年的革命不僅為時更短，更接二連三，看似連鎖反應。賈頓・艾許和哈維爾同桌喝酒那時，柏林圍牆向東西兩方開放，波蘭也有了非共產黨政府。捷克人和斯洛伐克人從電視上得知消息，同時刺激了領導人和人民。古斯塔夫・胡薩克和黨內同志得出結論，靜悄悄地下台最為妥當。他們都是歷史的門徒，就他們所能預見，歷史的判決不利於他們。數名領導人辭職，以免過往罪行遭受追究，仍然在位的領導人則與公民社會代表協商出隱退之道。一九八九年十二月，共產黨議員占多數的捷克國會一致選出哈維爾為新總統。一九九〇年元旦，他從布拉格城堡向全國人民演說，其話語受到揚・阿摩斯・康米紐斯（Jan Amos Comenius）和托馬斯・加里格・馬薩里克（Tomáš Garrigue Masaryk）啟發：「國民同胞們，政府歸還給你們了。」那年稍後舉行了自由選舉。

但東德示威者在一九八九年九月展開為期十週的革命時，他們並不知道自己的領導人會不會和平讓位。埃里希・何內克和高齡化的德國統一社會黨領導層持續反對一切改變，身為領導人之一的指定接班人埃貢・克倫茲（Egon Krenz）在六月飛往北京，祝賀中共政權鎮壓天安門廣場民主運動。儘管如此，他們在國內的控制仍非絕對專制，而是取決於東德政權一九六一年築起柏林圍牆之後便不言自明的理解：被囚禁的人民向政權報以政治上的遵從，換取體面的生活水準。但在一九八九年夏天，南方遠處的事態卻透露出東德人再也不是被囚禁的人民了。[2]

當東德人在一九八九年六月收看西方電視節目，他們看到了奧地利和匈牙利官員使用大得不尋常的剪線鉗，剪斷分隔兩國的有刺鐵絲網。每剪斷一處，就意味著東德人生活的計算基礎改變了。匈牙利是他們無需護照即可前往的國家，這時他們看來可以經由奧匈國界，繞過柏林圍牆逃向西方了。六月和七月間，數萬人駕車南下到匈牙利「度假」，目的是拋棄車輛，而後徒步跨越國界。他們知道，只要到達維也納的西德大使館，就能不經盤問取得一份護照，並搭乘免費巴士前往德意志聯邦共和國，從此得以展開自由的新生活。他們不再只能生活在柏林圍牆背後了。[3]

事實證明，西方媒體的鏡頭誤導了有意逃亡的人們。國界圍牆多半仍完好無缺，匈牙利邊防軍也還在捉拿逃亡者，並依據一九六九年兩國政府的協議將他們遣返東德。儘管如此，仍有些人成功越界，到了七月，匈牙利開始遵行另一份不同協約：國際難民公約，東德人按照這份公約有權留在匈牙利。[4] 到了九月，人數來到數十萬，匈牙利官員開始受到波昂（Bonn）的西德政府強大壓力，要求讓東德人自由跨越國界前往奧地利。此舉將導致匈牙利對當時仍是盟國的東德違約。同時，東德本身也成了壓力鍋，人們猜疑政府是否會封閉捷克斯洛伐克國界，把他們困在國內，如同上一代人在一九六一年八月柏林圍牆突然拔地而起時的處境。有些更急切的東德人（主要在該國南部），開始做出數十年來無法想像的舉動：他們走上街頭示威抗議，表達求變的渴望。

但匈牙利官員何以自行掀開鐵幕？有一條線索隱藏在賈頓・艾許的「十個月」計時之中。團結工聯革命在一九八〇年和一九八一年間轉變了波蘭社會。匈牙利的自由化發生得更緩慢些，但在一九八八年也產生了類似結果：在免於恐懼的社會，人們可以前往西方旅遊或在家隨意說話，也一如戈巴契夫統治下的蘇聯，匈牙利的官方媒體很快就充滿了對政府的強硬批評。到了一九八九年五月，開放奧地利邊界的決定甚至稱不上決定。邊防軍一名軍官告知某位政府首長，維修邊境堡壘工事（也就是更換圍牆的鏽蝕部分）、換新失效地雷的時候到了。但經費吃緊，因此問題來了：何必多此一舉？匈牙利人可以隨心所欲經常前往奧地利旅遊（他們擠滿了維也納的百貨公司），用來防止人民逃亡的帶刺鐵絲網派不上用場了。更糟的是，換成不鏽鋼網得以強勢貨幣支付，因為供應商在西方。

匈牙利人之所以走到這一步，是自一九五六年抗爭過後所規畫而成。亞諾什・卡達爾政權藉由體面的生活水準和最低限度的意識形態壓力安撫人民。但這股動力到了一九八〇年代已經耗盡。經濟停滯不前，國家債台高築。政府嘗試向「資本主義」妥協，例如允許私營公司最多雇用五百名員工，並與西方國家公司合營事業，但改革卻產生了通貨膨脹等「資本主義」問題，通貨膨脹率在一九八七年達到百分之十七（真正的通貨膨脹率恐怕是兩倍）。薪資和退休金趕不上通貨膨脹，舊時代的邪惡副作用逐漸重現：全國有兩成人口被社會邊緣化，僅能勉強餬口。[5]

這還算是社會主義嗎？如果不是，社會主義政黨又有什麼理由實施全面管制？危機太過嚴重，統治者確信他們別無選擇，只能讓公民一起來尋找解決方案。轉型的痛苦不可避免，責任必須共同承擔。

共產政權瓦解後，戈巴契夫把卡達爾描述成一個具有「民主傾向」之人，「尊重人民選擇生活方式的自由」。[6]但一九八八年的卡達爾卻是絆腳石。他無法容忍戈巴契夫的政治開放運動，唯恐對問題追根究底將會摧毀、而非鞏固社會主義。戈巴契夫察覺這位老人的疑慮，於是婉轉地鼓勵他讓位給更有活力的接班人。一九八八年春天，卡達爾屈服，接受了「黨主席」這一象徵性職務，讓更具「技術官僚」性格、卻也更激進的人物，代替了他的支持者，進入中央委員會。[7]

不久，繼任卡達爾的共產黨總書記卡羅伊・格羅斯（Károly Grósz）就發現自己落後於時代。一九八八年十一月，黨中央委員會廢除了檢查制度，將黨現有的多數特權移轉給政府。共產黨接受了多黨制政體，但仍應以社會主義為主導模式。[8]到了那年年底，匈牙利有了兩個自主的政治組織：匈牙利民主論壇（Hungarian Democratic Forum）和自由民主主義者聯盟（Alliance of Free Democrats），成員約有一萬人。它們提供了傘型組織，保護獨立工會之類新興運動以及重組的小農黨（Smallholders）或社會民主黨（Social Democrats）等舊政黨。[9]那年春天，學生自行組成了青年民主聯盟（Alliance of Young Democrats），挑戰官方青年組織。到了十二月，已有二十一個新政團。[10] 這些尚未合法的新組織受到警方三心二意的某些騷擾，但它們看來破碎又多樣，使得匈牙利幾乎沒人稱之為反對勢力。[11]

如同雅魯澤爾斯基統治下的波蘭，匈牙利的運作也讓自身陷入僵局。一方面，政權要開放空間給「社會」的有限代表，將痛苦的改革正當化。改革不可能逕自由上而下強加，尤其是自稱民主的改革。另一方面，（由新興團體代表的）社會卻躊躇而不敢擔負起權力的責任。[12] 眾人皆知，改革將意味著補貼了幾代人的食品價格會向上攀升。人們對失業會怎麼說？多年來，黨內改革派都要求改變，以防社會爆炸，但改革方案此時近在咫尺，看來卻令人畏懼，因為誰也不知道社會要如何經歷接受更大自由時必定帶來的重擔。[13]

但在這些扣人心弦的制度變革之中，數十年來不曾公開提及的歷史事件突然成了焦點。匈牙利人在涉足未知領域之前，想要先確切知道自己一路走來的歷程。在嚴密檢視下，身為改革派首要人物的總理米克洛什・內梅特（Miklós Németh）承認，一九四五年至一九六二年間，一百多萬農民在集體化運動中被逮捕或懲罰。[14]但真正的爆炸性消息與匈牙利革命有關。就在共產黨總書記格羅斯一月出訪瑞士期間，改革派人士伊姆雷・波日高伊（Imre Pozsgay）將一九五六年的事件稱作「人民起義」。二十五年來，從來沒有哪個蘇聯集團的官員用過「反革命」以外的稱呼。[15]事實證明，一九五六年背信棄義的罪魁禍首不是伊姆雷・納吉，而是蘇聯和他們的匈牙利盟友，包括卡達爾在內。五月，黨內一個專門委員會也跟進承認。[16]

此時，所有在卡達爾掌權期間得勢的人都得承認，他們的生涯建立在鎮壓民族革命，以及隨之而來的司法謀殺和謊言之上。共產黨總書記格羅斯是共犯，但他的親信亞諾什・拜賴茨（János Berecz）和喬治・費伊蒂（György Fejti）也是。[17]問題不只是史達林主義，因為卡達爾畢竟曾受害於史達林，也成了最重要的去史達林化推動者——問題的根源更深，在於列寧主義理念認為不經選舉產生的一小群領袖才知道怎麼做最有益於全人類。

這時匈牙利社會可以回歸自身傳統了，從重拾土生土長的社會主義之社會民主理念、棄絕列寧主義的「民主集中制」做法開始。改革派公然違背蘇聯第一位領袖對「黨內派系」的嚴禁，在一九八八年末建立了自己的共產黨分支，隔年夏天，共產黨在領導層監督之下，從布爾什維克「組織武器」轉型為廣泛的政治運動。到了一九八九年九月，已有十二萬到二十萬名黨員繳還黨證退黨。共產黨從它數十年來行使權力的地位上退卻：不只退出軍警，也退出職場。[18]

正因共產黨變得更加開放，它也越來越陷入被動。三月，反對陣營得以號召十五萬人上街紀念一八四八年革命爆發；六月，政權不得不同意召開「全國圓桌會議」，與會者既有共產黨人，也有新公共領域的成員（也就是反對派團體和政黨），共同商討轉型問題。

同月，伊姆雷·納吉與另外四位受難者的遺骸，在他們被處決三十一年後，終於連同象徵一九五六年革命其他犧牲者（包括卡達爾下令絞死的某些青少年）的第六具空棺，公開舉行重新安葬儀式，共有二十五萬人前來布達佩斯市中心參加，更多人則從電視上收看。伊姆雷·波日高伊和米克洛什·內梅特等共產黨改革派擔任護柩人員，傳達出民族和解的請求，而納吉案的共同被告之一米克洛什・瓦薩賀益（Miklós Vasarhelyi）則上台演說，呼喚歷史正義、民族團結，以及匈牙利人如今得以「和平轉型為自由民主社會」的契機。七月六日，官方正式為納吉恢復名譽。同日，飽受罪惡感折磨的卡達爾，終於在長年臥病後辭世。[19]

在匈牙利的全國圓桌會議上，改革派在參與談判的政權代表中占上風，也表明了渴望面對自由選舉，以求拋棄經濟政策失敗的責任。從六月中持續到九月下旬的協商中，他們誓言力行「從一黨專政到代議制民主」的轉型。但匈牙利人民並不讚譽這些昔日看管自己的獄卒身為社會主義改革急先鋒的新角色。在當地得以實現協商革命的行為準則引領之下，選民先後在一九九〇年三月的國會選舉和八月的總統選舉中，將共產黨逐出政權。[20]匈牙利民主論壇得到百分之四十三選民支持，與得到百分之二十四選民支持的其他中間偏右政黨（自由民主主義者聯盟）攜手組成新政府。

匈牙利、波蘭與柏林圍牆倒下

要是沒有戈巴契夫對於社會主義需要民主的確信，一九八九年的中東歐就不會發生革命。但波蘭和匈牙利之外的共產政權領袖，都把他的理念看成眼中釘，因此要是沒有匈牙利和波蘭的改革派，列寧主義恐怕直到今天都會在歐洲生生不息。波蘭和匈牙利推動改變，經歷數月「協商革命」終於逼使多黨制政治取得進展，使得民主化也有可能萌發於其他國家，包括俄國在內。[21]波蘭和匈牙利得以引領改革的更深層原因，與兩國都在一九五〇年代抗拒完全蘇聯化有關，這進而又與那些即使在多數公民社會機制被消滅或顛覆之後，仍能頑強存續的民族傳統有關。一如早先一九五六年的革命經驗，一九八九年的匈牙利人也在仿傚波蘭人，但他們這次得到的教訓有益於自身。比方說，圓桌會議的觀念正是來自華沙，來自一九八八年秋天團結工聯與政府的協商。[22]

但刺激因素（迫使協商發生的革命火花）則來自工人。相對平靜度過數年後，波羅的海沿岸在一九八八年夏天爆發罷工，波蘭內政部長切斯瓦夫・季斯札克將軍（Gen. Czesław Kiszczak）聯繫團結工聯領導人，期望在改革計畫經濟的艱難過程中爭取他們合作。歷經數月準備，協商於一九八九年二月展開，在今日總統府內的一張大圓桌上進行，與會者包括非共產黨的政黨、工會等官方組織成員，以及天主教會成員。到了四月，與會者同意舉行選舉，讓團結工聯得以角逐國會眾議院百分之三十五的席次，以及恢復後的參議院的所有席次。有個重要的細節在於：另外百分之六十五的眾議員席次確實自動落入共產黨人之手。其實，正如蘇聯《消息報》（*Izvestia*）不動聲色地指出，共產黨人占不到多數。事實上，席次反而被分割了——百分之三十八的席次會給共產黨，但其他席次會分給蟄伏數十年之久的各個小黨，共產黨人則確保了總統一職。[23]

其他國家都不曾做到這種地步，波蘭突然脫離蘇聯集團內仍堅守正統列寧主義的其他政權，令人嘆為觀止。莫斯科報刊專訪了團結工聯領袖萊赫・華勒沙，並讚揚波蘭天主教會努力尋求折衷，但東德政府甚至不准俄文版的波蘭相關報導流入國內。前一年秋天，東德才禁止蘇聯出版的德語版蘇聯媒體概述《衛星》（*Sputnik*）輸入，試圖阻止公民得知戈巴契夫改革的細節，卻因公民早已從西方電視報導獲得充分資訊而白忙一場。

但這時，團結工聯得運用粗陋的地下架構進行兩個月選戰，就連最大膽的團結工聯領導人都想像不到他們有可能掌權。他們以為頂多會跟共產黨人展開一段共治期，再過四年才會舉行完全自由的選舉。選民們不相信激進變革。某位記者無意間聽到人們說，經濟奇蹟是德國和日本的事，與我們無關。電視台高層甚至懶得轉播圓桌協商最後一場會議，因為他們知道觀眾更想看對戰皇家馬德里隊的足球賽。[24]

令所有人吃驚的是，一九八九年六月四日投票結束時，共產黨輸掉了開放自由競爭的所有席次，而且發現自己無法組成政府。歷經數週協商產生了折衷方案，將由團結工聯候選人出任總理，並由團結工聯政治人物，以及在擔任共產政權忠實跟班多年後突然覺醒、重獲新生的那些非共產政黨代表組織政府。按照約定，共產黨將繼續掌握總統一職，由沃伊切赫·雅魯澤爾斯基出任。因此在一九八九年八月二十四日，戰後東歐第一位非共產黨的政府領袖——天主教知識分子塔德烏什・馬佐維斯基（Tadeusz Mazowiecki）上台。

多數東德人都能清楚收看西方電視，他們懷著熱烈興趣密切關注這些發展。按照官方宣揚的社會主義勝利訊息，他們所見的一切全都說不通，而且正是社會主義勝利這套意識形態，最終賦予了柏林圍牆分割歐洲的力量。蘇聯集團裡的兩個社會主義國家，怎麼能夠突然「退化」，放棄無產階級專政？

波蘭取得重大進展的五天前，東德人緊盯著電視機，看著五百名東德同胞在奧匈邊界參加一場「泛歐野餐」，他們飽嚐匈牙利燉牛肉之後，帶著從西德駐布達佩斯大使館領取的護照，拿起行李悠閒地散步跨越邊界。匈牙利組織者慶賀著他們「重返自由中歐」，此時來自薩克森和布蘭登堡的賓客們，緊握著充當紀念品的一小塊鐵絲網，搭上了將他們載往新生活的巴士。這場活動其中一位組織者是奧圖・哈布斯堡（Otto von Habsburg），他的行為彌補了哈布斯堡家族在一百一十八年前的失敗——這一次，他們為德國統一發揮了關鍵作用。[25]

到了九月初，匈牙利境內的東德人已超過十五萬名，匈牙利政府無視埃里希·何內克的一再請求，允許他們離境到奧地利，在奧地利搭乘火車和巴士前往西德的新家。[26]但統一社會黨政權不思改革，而是將數百名史塔西（Stasi）特工派往匈牙利騷擾難民，[27]也開始不准公民前往匈牙利旅遊。

結果，有意成為難民的德意志民主共和國人民，開始向他們仍然能夠前往的國家尋求庇護：波蘭和捷克斯洛伐克。九月中旬，約有四千人在西德駐布拉格大使館的庭院尋求庇護，造成了一次新的人道危機，也在東德政權正要在十月七日慶祝建國四十週年之際帶來新一次顯而易見的困窘。甚至有數十名東德人試圖向東逃亡——他們泳渡奧得河（Oder River）前往波蘭！[28]九月下旬，西德外交部長漢斯－迪特里希·根舍（Hans-Dietrich Genscher，他也是逃離東德的流亡者），為了德意志民主共和國公民在布拉格大使館庭院裡紮營的危機，協商出解決方案：他們可以離開捷克斯洛伐克前往西德。但其中有個附帶條件。政治上缺乏安全感的東德領導階層，堅持載運難民的列車不得直接西行跨越捷克和德國邊境，而是要先向北，經過

圖 25.1 一九八九年九月，聚在西德駐布拉格大使館的東德難民。
來源：dpa picture alliance／Alamy stock photo.

德勒斯登（Dresden）、卡爾馬克思城（Karl-Marx-Stadt）和普勞恩（Plauen），穿越東德領土，再南下跨越邊界，抵達西德的霍夫城（Hof）。這樣才能讓德意志民主共和國當局「解除」這些難民的公民身分（東德當局煩惱於國際對其統治正當性的認可）。[29]

但這種無謂之舉徒然讓德意志民主共和國內部宛如沸鼎般的形勢變本加厲。九月三十日深夜，成千上萬人試圖在這十四節列車高速穿越東德領土時強行搭乘。普勞恩當地的警力過少，無法阻止當地民眾衝進該市的火車站，數十人受傷，更多人被捕。四天後，東德政權封閉了捷克斯洛伐克邊界，許多人害怕德意志民主共和國將要成為如同智利的軍人獨裁政權，或是埃里希・何內克將要效法尼古拉・西奧賽古的完全高壓之道。

與波蘭或匈牙利相反，就算東德政府有心談判，東德國內也幾乎沒有反對勢力能與政府談判脫離危機的方法。波蘭的團結工聯成員多達一千萬人，但東德的民權運動人士僅有數百，多半集中在東柏林和萊比錫。小小的反對運動圈子受到基督新教教會支持，興起於一九七〇年代和一九八〇年代，鼓吹人權、環境生態或和平，但被祕密警察滲透並嚴密監控。決心更堅定的成員被逮捕並驅逐到西方。例如一個小型的自主和平運動，一九八二年興起於東德南部城鎮耶拿（Jena），但其成員面臨入獄或移民外國兩種選擇。領袖之一的作家羅蘭．楊恩（Roland Jahn），他不願意被嚇倒，在一九八二年騎著腳踏車穿越城鎮，車上懸掛的旗幟宣布「與波蘭人民團結一心！」他因此遭到單獨監禁，並被剝奪睡眠。官員們揚言要把他的女兒送進孤兒院。儘管如此，他仍拒絕移民國外，但國家受夠了他。一九八三年，史塔西官員把他扣上鐐銬，送上一列特製的鐵路車廂，鎖緊車門、加掛於柏林—慕尼黑特快車。一旦他安全離開德意志民主共和國，鐵路員工就可以用史塔西官員留下的鑰匙打開車廂，把楊恩釋放。他在西柏林落腳，加入來自耶拿的其他異議人士行列，隨後在當地的柏林自由之聲電視台（Sender Freies Berlin）擔任記者。一九八九年以後，他發現史塔西特工也曾在柏林窺伺他，他們竊聽他喜歡消磨時間的一家西柏林咖啡館，並追蹤他女兒的上學路徑。30

楊恩被強制驅逐是無比的虛偽。西德政府拒絕「尊重」德意志民主共和國的公民身分，是東德官員數十年來在兩德會談中不斷抱怨的問題。可是當表面上的東德公民變得太難以應付，統一社會黨的領導層就只是把他們扔到國界彼端去，他們確信西德會自動賦予這些人「全德國」公民身分。正是西德矢志不移地堅持只有單一德國的公民身分（由一九一三年的法律規定），才確保了經由匈牙利逃往奧地利的東德人能夠立刻在西德獲得完整權利。

即使本意並非如此，一九八九年設法經由匈牙利逃往西方的東德人，仍讓留在國內的同胞有勇氣孤注一擲，尤其是南方城市萊比錫的人民（萊比錫位居於包含哈勒〔Halle〕、比特費爾德〔Bitterfeld〕等城鎮的老舊工業都市圈中心，是圖書館與學問薈萃之地）。由於都市基礎設施疏於維護和毀壞（城內建築物正在解體），加上環境惡化，萊比錫的不滿越演越烈。該地區的化工廠營運時鮮少使用過濾器，並運用高汙染的褐煤提供工業和私人住家熱能（褐煤是德意志民主共和國最主要的原生能源來源）。

但萊比錫的群眾之所以會在一九八九年秋天增長，也取決於某些未必深植於歷史、而是與機緣巧合有關的力量，以及某些可被識別的人物之自由選擇。一九八二年秋天，萊比錫郊區普羅布斯泰達（Probstheida）的助理牧師君特・約翰森（Günter Johannsen），不小心把兩群會眾的聚會安排在同一晚；其中一群是六十多歲的查經班學生，另一群則是青少年（「年輕會眾」）。他利用這次不幸事故，為這兩群人即興舉辦一次對話。當時正是中歐人民對於軍備競賽再開，尤其對於美蘇雙方計畫在德國領土上部署核彈頭大感恐慌的時候，許多人感到無助。年長的會眾想要知道，為何青少年似乎堅決要配戴明文禁止的和平貼紙（上面寫著「鑄劍為犁」）激怒政府當局。年輕人則描述他們生活世界的軍事化：女孩得在輔助部隊營區學習射擊，男孩則害怕若不屈從於志願在「人民軍」服役至少三年的要求（官方從他們七歲開始就一再如此要求），就不得進入大學就讀。

從恐懼和無助感產生了舉行晚間和平禱告的想法。約翰森聯繫了該市的基督新教教會總監（相當於主教），總監聯繫了聖尼古拉教堂（St. Nicholas）牧師克里斯蒂安・富勒（Christian Führer），這座美麗的哥德式教堂距離萊比錫龐大的火車站不遠，步行到大學和世界知名的音樂廳（布商大廈〔Gewandhaus〕，由庫特・馬舒〔Kurt Masur〕擔任音樂總監）也很輕鬆。他們安排每週一傍晚五時在聖尼古拉教堂舉行禱告儀式，[31]慣例就此產生。參與人數起初不多，但禱告持續多年，在約翰森離開，以及對戰爭的恐懼消褪之後仍然繼續下去。富勒牧師在一九八八年夏末仍然舉行禱告，那時新一代人開始懷著不同的焦慮感和無助感湧進教堂。

由於史塔西檔案，我們知道了有多少人前來禱告：九月四日約有八百人；接著兩週後有一千人；九月二十五日八千人；十月二日兩萬人。一開始可以聽到有兩群示威者走出教堂：一群人要求准許他們移民國外（「我們要出去！」），但另一群人的聲音逐漸蓋過前者，要求東德實施改革（「我們要留下來！」）。[32]身穿便衣和制服的警察，帶著警棍和警犬干預，每次都有數十人被捕。但參加人數持續增長，讓青少年占多數的抗爭者開始遊行示威，走上圍繞舊城的林蔭大道，朝著火車站前進。一九八九年十月九日星期一的和平禱告和示威，預計將有數萬人參與，全球各地的電視觀眾都想知道警方打算如何因應。數個月前，中國領導人不顧人命傷亡，粉碎了提倡民主的力量。

萊比錫市民也知道，就在兩天前慶祝建國的國定假日「共和國日」，東柏林和德勒斯登都有一小群人走上街頭，但他們都慘遭毒打。十月七日當天唯一倖免於暴力的，是巴伐利亞邊界的製造業城鎮普勞恩，當地約有一萬五千人遊行要求改革，由於該市基督新教教會總監介入，他們得以和平解散。[33] 一如東德南部許多公民，普勞恩人也苦於空氣品質惡劣和物資供給匱乏，想起九月三十日急速駛過他們的城鎮、滿載來自布拉格的東德難民同胞南下開往自由的那十四節列車，他們仍然興奮。但如果沒有工具匠約爾格．施耐德（Jörg Schneider）這位年輕人的舉動，普勞恩十月七日的示威（東德直到那時為止最龐大的一次）恐怕不會發生。前一週施耐德在全市各處發放了數十張傳單，號召市民參加示威，爭取改革和基本權利。結果，數千人在那個下著雨的週六下午突然來到普勞恩市中心。當局並未制止他們，因為當局同樣號召公民到城裡來，慶祝共和國建立。群眾沒有領袖，但在警察狠揍一名展開上面只不過寫著「我們要改革！」字樣橫幅的男性時，他們就演變成了示威。大批群眾接著繞行市中心，最後在權力所在地——普勞恩市政廳集合，當地黨官躲在市政廳內，不知接下來會發生什麼事。保衛他們的警察配備了充足彈藥，能夠阻止任何衝入建築物的嘗試。

所幸，愛好和平的教會總監托馬斯·庫特勒（Thomas Küttler）穿過警戒線，和他所熟識的黨委書記談話，獲得書記保證會在隨後幾天內接見市民代表團，他用擴音器向群眾擔保，他們的要求有被聽取，群眾也和平解散。數週之內，普勞恩就召開了自己的圓桌會議，如同東德幾乎每一個城鎮。

但在達到這一步之前，政權使用暴力維持權力的意志得先受到公開考驗，而考驗就發生在十月九日星期一的萊比錫。由於至今仍然眾說紛紜的理由，政權退讓了，允許截至當時為止最大的一場示威（據估計有七萬人）平安舉行。[34]何內克的接班人「青年公務員」克倫茲（以燦爛笑容而著稱）日後歸功於自己，但真正發揮決定性意義的卻是另外三個因素：當地六名重要人物臨時介入，包括統一社會黨當地首席書記，以及指揮家庫特・馬舒，他們起草了一份和平呼籲，並在電台宣讀；裝備精良的軍隊和警察（救護車也在現場待命）大舉集結，卻沒有一位指揮官準備好承擔血腥鎮壓的責任；以及示威從和平禱告開始。十月九日的示威始於成千上萬東德人從教堂出發，他們手持點亮的燭火，象徵他們非暴力的承諾。

由於羅蘭・楊恩夾帶進入德意志民主共和國境內的攝影機，東西德的觀眾都能於隔天在電視上收看數萬群眾加入的遊行。他們呼喊著不知出於何人之手的口號，「我們才是人民！」這句話比起乍聽之下更大膽也更挑戰。數十年來，當局都在全國各地張貼的海報及其他文宣上自稱代表人民。例如他們的社會政策「全為了人民好！」但就在萊比錫的街道上，真實的人民卻正在揭露政權的說法是謊言。你們不是人民──我們才是。

少了蘇聯領袖對激進變革思想的容許，以及迫切需要改變的局面，普勞恩或萊比錫的示威就不會發生。但想要改變，並確信改變不在那天發生就不會發生的成千上萬匿名公民若不鼓起勇氣，示威也不會發生。他們呼喊著口號行進，明知警察和民兵可能會開槍。過了那個時間點，軍警的力量看來就削弱了、威嚇能力破滅，政權自稱包含「社會主義人類共同體」之意志的說法，也成了顯而易見的謊言。一週之內，參與萊比錫週一示威的人數就突破三十萬，德意志民主共和國各城鎮也有數十萬人加入他們，男女和兒童手上往往高舉和平標誌。一週剛過不久，年齡多半八十來歲的東德領導層遞出辭呈。

示威者在橫幅和口號上用一句簡潔有力的德文，說明自己在這個國家社會主義福利國裡越來越厭惡之事：被當成小孩對待。但他們是成年人（mündig，字面意義是「有嘴巴的人」，就是有意見的人）。有一條橫幅取笑何內克那個總是忍不住咧嘴大笑的接班人埃貢．克倫茲，把他放在嬰兒床上，下面則寫上：「奶奶，你的牙齒好大。」＊

＊編註：這是小紅帽的典故：大野狼假扮奶奶。諷刺克倫茲是說謊的大野狼。

圖 25.2　一九八九年十月，萊比錫的抗爭者。
來源：Bundesarchiv, B145 Bild-00014228.

圖 25.3　一九八九年十月，萊比錫週一示威。
來源：Friedrich Gahlbeck (photographer), Bundesarchiv, Bild 183-1989-1023-022 / CC-BY-SA 3.0.

如同在匈牙利和波蘭，代表各種利益的組織興起。最有名的是由柏林異議人士創立，但隨後由北到南成立各地區支部的「新論壇」（New Forum），以及「現在就要民主」（Democracy Now）和「民主覺醒」（Democratic Awakening）等市民組織，還有重建的社會民主黨。先前與共產黨合作的自由黨、基督教民主聯盟等缺乏生氣的政黨，也在臣服於統一社會黨數十年後，開始伸展萎縮的手腳。日後成為德國聯邦總理的安琪拉·梅克爾（Angela Merkel）協助成立了「民主覺醒」，該組織首先與東德基督教民主聯盟合併，隨後又被赫爾穆特·柯爾（Helmut Kohl）領導的西德基督教民主聯盟吸收（她在一九九〇年初對朋友說：「我不要跟基督教民主聯盟扯上關係！」）。[35] 即使當時由枯燥乏味的埃貢·克倫茲領導，但共產黨人也試圖運用民主和權利的新語言，並更名為民主社會主義黨（Party of Democratic Socialism）。（克倫茲在十二月下台，由更獨立的德勒斯登黨委書記漢斯·莫德羅〔Hans Modrow〕接任。）

十一月九日，一場聳人聽聞的意外，使得革命的激動沸騰一時降溫。在一場無拘無束的記者會上，不習慣這種進行方式的東德政府發言人君特．夏波夫斯基，回應一個賦予東德人民自由旅行權利的相關規定問題。記者詢問：這些規定何時生效。夏波夫斯基無處請示，於是逕自回答：相關法規立即生效。東柏林人得知這個消息，立即成群集結於通往西柏林的邊境檢查站。數週之前，人群若是在柏林圍牆附近閒晃，幾分鐘內就會被拘留；此時，圍牆附近巡邏的安全部隊已不復見。沒過多久，群眾眼看就要吞沒博恩霍姆大街（Bornholmerstrasse）邊境檢查站的邊防軍小部隊，而上級並未給予任何指令。他們不向群眾開槍的話，就只能開放通往西柏林的大門。史塔西在現場的最高階軍官哈拉爾德．傑格（Harald Jäger）決定開門放行，他的部下全都沒有提供任何建議。博恩霍姆大街檢查站很快就開放雙向自由通行，這是二十八年來第一次（其他邊境管制站也跟著效法）。某種意義上，東德所有國家官員之中意識形態最為老練的這支邊防軍部隊，是最先向新德國轉型的一群人。傑格躲到眾人視線之外，安慰一名輕聲哭泣無法自制的同志。他們過去二十五年來的工作有什麼意義？他們知道東德完蛋了。[36]

數週之內，德意志民主共和國就充斥著自由的西德報紙和油嘴滑舌的西德政治人物，說到感知和塑造群眾情緒，這些西德政治人物遠非新論壇的異議政治人物能望其項背。萊比錫週一示威呼喊的口號，經歷了語言學上看似簡單、歷史意義卻激動人心的轉變：群眾逐漸不再喊「我們是人民」，越來越多人開始說「我們是同胞」（Wir sind ein Volk）＊，意思是：我們要和西德統一。某些左翼人士說民族主義劫奪了民主革命，但東德人擔心的是未來。多數人越來越相信，在四十年社會主義的廢墟之中，西德前來拯救他們便是他們作為社會的唯一希望，尤其是西德的貨幣——德國馬克（DM）。萊比錫有一面橫幅反映了這種心情：「德國馬克不來找我們，我們就去找它。」赫爾穆特．柯爾於十二月底第一次在東德德勒斯登公開演說時，他龐大的身形令東德領導人莫德羅相形見絀，人群中有人呼喊：「赫爾穆特，救救我們！」

要說有什麼區別的話，出走國外的人數隨著一週週流逝而增加。一九九〇年三月的自由選舉中，東德人實際上投給了西德政黨，選出了柯爾的基督教民主聯盟，該聯盟保證以最快時間表實現政治和經濟統一。東德本地的新論壇變得無足輕重，隨後在選舉中與綠黨結盟。

柏林圍牆開放之後，世人的關注轉向捷克斯洛伐克，這個新史達林主義政體突然被民主政體（奧地利、西德、波蘭）和正在轉型為民主政體的國家（匈牙利和東德）包圍。就連它的東鄰蘇聯也有一個運行中的公民社會，媒體和選舉的討論都越來越活躍。一如東德領導人，由國家主席古斯塔夫・胡薩克和總書記米洛什・雅克

*編註：Volk特指十九世紀末以來受（德意志）種族觀念架構的人民／民族認同，除了定義誰屬於民族，也定義了誰不屬於民族，此種民族認同隨後由納粹擴散。進入蘇聯時期後，Volk也有東歐式「人民民主」政權的人民之意。

什（Miloš Jakeš）領導的捷克斯洛伐克共產黨人，早已宣稱戈巴契夫的改革與他們無關。一九八九年七月，雅克什的一場演說在他不知情下被錄音，他抱怨自己的國家成了「圍籬上最後一根柱子」。[37]

捷克斯洛伐克政權近似於匈牙利，統治的正當性建立在早先對改革運動的鎮壓。實際上，一整套社會秩序全都奠基於貶低所有支持過亞歷山大・杜布切克（Alexander Dubček）和一九六八年的自由主義，並且不願放棄對改革的期望、不肯告發其他改革者的捷克人和斯洛伐克人。曾經大名鼎鼎的記者和哲學家，這時成了鍋爐工和卡車司機。杜布切克則是斯洛伐克林業部門的一名管道修理工。然而，布拉格之春是為了改良社會主義而非顛覆，因此在戈巴契夫及其同志看來宛如榜樣。蘇聯外交部發言人根納季・格拉西莫夫（Gennady Gerasimov）在一九八七年三月隨同戈巴契夫前往捷克斯洛伐克訪問之前，被問及改革開放與布拉格之春的不同之處，他這麼說：「十九年。」[38]

就連德語能力生疏的捷克人，都能透過電視密切關注北方鄰國的劇變。但布拉格市民卻直接見證了持續展開的故事。到了九月中旬，市中心宛如東德難民的露營區，他們的車輛幾乎停滿了布拉格市左岸的全部停車位。十月初，他們離開了，但除了小小的雙缸二行程衛星牌（Trabants）轎車，他們還留下了強烈印象：樂意冒險放棄舒適，只為追求自由生活。因為簽署《七七憲章》而被貶為園丁和夜班守衛的歷史學者和作家彼得．皮哈特（Petr Pithart）回顧自己的感想：

自由和不自由的距離，可以從布拉格左岸的街頭衡量。我深夜時在距離西德大使館數百碼之處佇立良久，和其他捷克人緊緊擠在一起，什麼都不說，只看著這一幕：你想要自己爭取自由的話，就那麼做。[39]

微小的捷克反對勢力設法在一九八八年八月和十月，以及一九八九年一月發動過規模不大的示威，全都遭到鎮壓，但它們給人一種表面下暗潮洶湧的感受。[40]有鑑於來自波蘭、匈牙利，以及此時德意志民主共和國的證據，在在顯示蘇聯不會支持列寧主義政權，只需星星之火就能在一九八九年十一月點燃抗議運動。但特定的個人必須行動，而行動需要勇氣和巧思。一如在東德，第一批示威者利用了一次反覆舉行的事件，讓他們得以合法上街。在德意志民主共和國是結合了建國週年（十月七日）和萊比錫和平禱告（十月九日）；在布拉格則是每年紀念的一九三九年十一月十七日（世界學生節），那天有一千多名捷克學生抗議納粹統治，結果被送進集中營。共產黨領導人察覺騷動正在醞釀，想要延後紀念活動，而在那個寒冷刺骨的十一月午後集結遊行的一萬五千名學生，則證實了領袖們的恐懼。學生們呼喊要求改革的口號、高唱愛國歌曲，並且對著警察敲響鑰匙——好讓獄卒們知道他們也能開門。他們張開雙手行走，表示自己手無寸鐵，警察的回應則是揮舞警棍、放出攻擊犬，兇暴地驅散他們。一名學生遇害的傳聞散播開來。

如同在一九六七年，警察傷害毫無自衛能力的學生這幅景象，將數萬捷克人鼓動起來，讓他們拋開了把自己關在家裡的不確定感和恐懼。數日之內，群眾就增長到了數十萬，學生和職業演員一同組織罷工，製作標語和海報。十一月十九日，一個新的公民社會團體——由德國新論壇啟發而來的「公民論壇」（Civic Forum）在戲劇俱樂部劇院（Činoherní Klub theater）組成，成員包含了《七七憲章》的異議人士，其中最重要的人物是謙遜的劇作家瓦茨拉夫・哈維爾，他沒有公開演講的經驗，向廣大群眾演說時會對自己說話的音調難為情。

十一月二十一日，與政府的協商圍著一張「圓桌」展開，雖然總理拉吉斯拉夫・阿達麥茨（Ladislav Adamec）不過幾星期前才把瓦茨拉夫・哈維爾叫做「無名小卒」。[41]十一月二十九日，聯邦國會廢除了共產黨領導社會的角色。阿達麥茨的政府總辭，十二月十日，溫和的斯洛伐克共產黨人馬里安・恰爾法（Marian Čalfa），組成了一個多數部長非共產黨人的政府。某些非共人士「增額」選入國會，十二月二十九日，絕大多數議員都靠著有名無實的選舉得到席位的這個立法機構，以三百二十三票贊成、零票反對將哈維爾選為總統。（某些代議士不久前還在要求把哈維爾逮捕入獄。）[42]這些廢位在即的「立法者」和外交官及其他顯貴，一同在布拉格城堡（Hradčany castle）以香檳和點心祝賀哈維爾。而在城堡庭院對面，哥德式的布拉格主教座堂舉行的感恩彌撒中，人們看到了不可知論者哈維爾為自己祝禱，曾是一場作秀審判受害者的布拉格總主教為之落淚。許多異議人士也哭了。[43]捷克愛樂樂團（Czech philharmonic）用美洲原住民的鼓聲作為伴奏，少見地演奏安東寧・德弗札克（Antonín Dvořák）的《謝恩讚美歌》（*Te Deum*）作結。

如同他們的東德兄弟，捷克斯洛伐克的革命者在那年秋天找回自己的意見時，也展現了出人意表的口才，揭示了歷史的延續性。他們的通訊和簡報反覆提起馬薩里克的話語：革命者的「象徵體系」裡，最神聖的字眼是「人性」。[44]到了一月底，兩百多個新政治組織在捷克斯洛伐克依法獲得認可，公民論壇（在斯洛伐克稱為「民眾反暴力」〔Public Against Violence〕）在六月選舉中得票率百分之四十六點六。（捷克斯洛伐克共產黨得票率百分之十三點六。）

一如東德政權，捷克斯洛伐克政權也發現自己欠缺意志與信念，無法從警棍和催淚瓦斯升級到真槍實彈。不可思議的是，這兩個武力精良的強硬派政權，全都接受幾乎不做抗爭地下台隱退。除了萊比錫示威前期的毆打和逮捕，十月初接著在東柏林和德勒斯登發生的彈壓，以及十一月十七日「大屠殺」（那天布拉格其實無人死亡），新史達林主義獨裁者們和平退場，即使姿態未必優雅。捷克斯洛伐克的權力轉移後來被稱為「天鵝絨革命」（又譯成絲絨革命）。

但向南不遠處的昔日哈布斯堡領土上，羅馬尼亞的頑固獨裁者卻派出軍隊敉平抗爭，他所引發的暴力犧牲了數百條人命。當地的情勢與北方各國不同之處，在於任人唯親的政權與社會完全隔離，不理解人民多年來被要求的異常犧牲（電力和瓦斯僅限每天使用幾小時），以及隨之引發的憤怒、反感和強烈憎恨。西奧賽古完全不尋求黨內團體理解，當然更不尋求黨外理解，相對於北方國家，羅馬尼亞的公民社會幾乎沒有出現反對團體，無從表達不同於國家的各種利益。這名獨裁者定期肅清競爭者，並摧毀所有反對勢力中心，造成「羅馬尼亞社會的驚人原子化，恐懼和不信任成了人際關係的貨幣」。[45] 政權及其支持者毫不懷疑，當清算時刻不可避免地來到，自己要對這一切不義和苦難負責，他們因此拚命抵抗。一九八九年時，全國皆已與政權疏離，當某地爆發示威，就會迅速遍及他處，即使得知傷亡人數亦然

（但當時正因得知傷亡人數而蔓延）。

抗爭在昔日哈布斯堡的外西凡尼亞越演越烈，因為該地所蒙受的不只是匱乏，當地匈牙利文化更遭受毀滅，村莊被夷為平地，居民被驅逐到羅馬尼亞東部。怒火在十二月中具體成形，那時當局排定日期，要從蒂米什瓦拉市（Timişoara）驅逐廣受歡迎的匈牙利新教牧師拉茲洛．托克許（László Tőkés）。[46]牧師的自傳明確指出，新教高層與當局的計畫勾結，要幫忙當局抹滅他的獨立意見，而托克許經常自主行動而不徵求上頭同意，例如在他的教會組織了跨教派禮拜。

十二月十五日，紮營於牧師住處附近的抗爭者遊行到市中心，控制公務機關，並洗劫存貨充足的祕密警察特供商店。翌日，安全部隊開槍射擊抗爭者，但未能撲滅革命的殘火，反倒讓火苗蔓延，更多蒂米什瓦拉市民在市中心聚集起來。其中許多人說匈牙利語，能接收匈牙利和南斯拉夫媒體播送的豐富資訊，示威消息則由鐵路工人、輪調出城的軍人和國際媒體傳遞到羅馬尼亞東部。十二月十八日，尼古拉．西奧賽古出國訪問他的最後一些支持者——伊朗的神權統治者。蘇聯外交部長謝瓦納茲（Shevardnadze）持續從蘇聯駐布加勒斯特大使館得知騷亂擴大，他表示樂見西奧賽古垮台。[47]

十二月二十日下午返抵國門，西奧賽古立即宣布蒂米什瓦拉進入緊急狀態，並斷言示威者是為外國諜報機構效力的恐怖分子。接著他試圖在布加勒斯特組織群眾集會聲援自己。[48]直到不久之前，都還能指望被黨召集參加群眾大會的人卑躬屈膝向領袖表忠；但他們此時要求西奧賽古辭職。十二月二十一日晚間，獨裁者派出安全部隊驅散群眾，數百人受傷。隔天，軍隊倒戈投向人民，西奧賽古及其妻埃列娜乘坐直升機逃出布加勒斯特。但在至今未能解釋的情況下，他們在鄉間降落並被逮捕，送交軍事法庭審判，而後在耶誕夜處死，並由電視轉播。但安全部隊和此時獲得軍方支持的群眾，一直戰鬥到十二月二十七日為止，且擴及其他城市。總計一千一百零四名羅馬尼亞人在革命中喪生。[49]

倉促殺死統治者所產生的說法之一，是擔心他們可能會發動反革命，對付新興的挑戰者「救國陣線」（Front of National Salvation）。救國陣線於十二月二十二日經

圖 25.4　一九八九年十二月，
示威者在布加勒斯特面對民兵和戰車。
來源：Wikimedia Commons.

由國營電台倉促宣布成立，就在群眾占領布加勒斯特的共產黨中央委員會大樓和國營電視台之際。陣線成員並非公民社會領袖、更不是異議團體領袖（因為公民社會或異議團體都不存在），而是前任共產黨高官，其中某些人受過西奧賽古羞辱。陣線要角是前任黨政官僚揚・伊列斯古（Ion Iliescu），他受到軍警高層支持。伊列斯古在首次演講中，指稱西奧賽古是個「心智、靈魂、常識俱缺之人，封建狂徒，摧毀了國家」，「對人民犯下最惡劣的罪行」。[50]

即使在當時，這場革命看來都很怪誕。[51]不只是獨裁者夫妻在運轉的攝影機前被處死的景象令人不寒而慄，他們身上仍穿著厚重的冬衣，看來更像邋遢的老人而不是無所不能的統治者。除此之外，怪誕的還有在布加勒斯特面對西奧賽古的群眾突然改變心意；軍方令人費解地突然倒戈；以及一個實質上的對立政府突然憑空產生。就連在蒂米什瓦拉，托克許牧師都注意到了令人費解的情緒轉變，超出他或其他任何人所能掌控，恐怕是警方內部密探的傑作。革命是西奧賽古在黨內的政敵所策畫的嗎？革命的發生，是否讓示威者其實無意間為他人作嫁？其後傳出了謠言，指稱美國和蘇聯的情報機關都被告知了反西奧賽古勢力的活動。

此後這些年，足以支持更龐大或更深層陰謀的證據都沒有出現，而昔日的高官們想要除去西奧賽古這點倒很明確。但他們自己也對晚秋這些日子的革命事件感到意外且不知所措，隨著事件展開而善加順應，向創鉅痛深的社會扮演救星。[52]革命是由計畫和自發兩相混合所致。反對勢力領袖受到蒂米什瓦拉的榜樣激勵而竄起，

圖 25.5　一九八九年十二月，
克盧日－納波卡（Cluj-Napoca）的示威者四散逃命。
來源：Răzvan Rotta / CC BY 2.5.

他們希望把布加勒斯特的示威轉為反對獨裁者。事實證明，他們的期望是有道理的。成千上萬人於十二月二十一日乃是奉命來到布加勒斯特市中心，他們並未計畫反對獨裁者，更沒有打算將他推翻。但當其他人（尤其青年）開始要求獨裁者下台，他們也突然果斷地甘冒個人巨大風險而加入，多年來在「皇室夫妻」兩人及其隨從心血來潮下蒙受的羞辱與匱乏成了推動力。[53]

保加利亞則為新史達林主義

垮台這個主題，提供了最後一種最突然、最表淺、準備也最不充分的變體。托多爾・日夫科夫（Todor Zhivkov）為首的共產黨領導層，繼承順序可以一路回溯到一九五〇年代初期，統治期間從未改革。[54]日夫科夫一如西奧賽古，也把家人提拔到黨和國家統治集團的高位。他女兒柳德米拉（Lyudmila）當上了文化部長，而後在一九八一年離奇死亡。

日夫科夫的統治令人聯想到一九八〇年代的羅馬尼亞政權，以族群至上主義為特徵，甚至引發了蘇聯集團鄰國的抗議。自一九八四年起，保加利亞領導層就試圖強制同化該國南部和東北部的土耳其裔少數。首先，當局把穆斯林的姓名改成斯拉夫讀音，但此舉引發的抗議強烈到不得不調派戰車恢復「秩序」。這是第二次世界大戰以來保加利亞最大規模的軍事行動。如同其他族群化的國家，政權也宣稱這群少數人不是真正的外國人，而是本地人，是被迫改宗伊斯蘭教的保加利亞人後裔。[55]一如羅馬尼亞，保加利亞領導層求助於民族主義，藉以轉移人們對嚴重經濟問題的注意，雖然從未達到西奧賽古妄自尊大的個人崇拜的程度。

不同於羅馬尼亞，意識形態僵化的索菲亞（Sofia）獨裁政權，未曾有過抗拒蘇聯利益、英勇捍衛在地利益的過去。他們盲目模仿蘇聯的程度，使得蘇聯人將保加利亞戲稱為「第十六個加盟共和國」。這就使得戈巴契夫的出現特別令人難堪。一如東柏林或布拉格的統治者，保加利亞政府公開宣稱國家已經改革，不需要改革開放，而後在口頭上支持令人困惑的蘇聯新路線，但正如戈巴契夫所述：「至於真正的民主化和開放，卻絲毫不見跡象。」[56]直到最後，保加利亞領導人都維持著政治犯集中營和龐大的祕密警察組織。

但保加利亞統治者也不像羅馬尼亞那樣殘忍鎮壓，一九八九年初，小型反對團體開始組成，其中一些試圖以公開支持蘇聯政綱尋求掩護，例如支持改革開放討論社（Discussion Club for the Support of Perestroika and Glasnost）或生態公開運動（Ekoglasnost）。受壓迫土耳其人的命運，為保加利亞知識分子提供了更大的扶助目標。十一月初，反對團體領袖在索菲亞集會，支持一套人權方案，捍衛人權和宗教權的各種社團隨之湧現。由於大眾特別關注國家生態遭受的破壞，生態公開運動在十一月三日向國會遞交一萬兩千人連署的請願書，要求領導層更替。[57]

一九八九年春天，土耳其人聚居地區爆發了大規模示威，政權殘酷鎮壓的同時，也提議讓少數群體離境。與日夫科夫的預期恰好相反，約有三十四萬四千人同意離境，人數多到土耳其不得不在八月二十二日關閉邊界。如此鬧劇無法掩飾，登上了外國媒體，也賠掉莫斯科對日夫科夫的支持。十一月十日，日夫科夫在共產黨領導層中的政敵發起政變，首先取得戈巴契夫同意，而後把日夫科夫趕下台。[58]

這時的保加利亞街頭突然充斥著示威者：早在十一月十八日，就有五萬人在首都抗議，要求民主和自由選舉。隨後發生的，是在突然學會民主語言的舊體制掌控下進行的轉型，讓人想起羅馬尼亞。日夫科夫下台將近一個月後，反對勢力於十二月七日結為聯盟（和波蘭、匈牙利、捷克斯洛伐克、德意志民主共和國，甚至羅馬尼亞的情況不同，因為這些國家的政治反對勢力在獨裁者仍在位時即已組成）。[59]由此預示了日後民主轉型的艱難。

共產黨的後繼組織——保加利亞社會黨（Bulgarian Socialist Party，BSP），贏

得一九九〇年六月的第一次自由選舉（在國會四百席中取得兩百一十一席，擊敗了一百四十四席的主要對手民主力量聯盟〔Union of Democratic Forces，UDF〕）。[60] 這些「後共產主義者」何以如此成功？他們獲得強大的左翼和親俄傳統支持，深入鄉間基層，並由前任外交部長佩特爾・姆拉德諾夫（Petar Mladenov）組織的新領導層凝聚起來。相對於其他國家的「前」共產黨人，他們並未被看成外國勢力，而反對勢力也四分五裂，未能產生有力領袖。但由於選舉是公平舉行，這就成了保加利亞共產獨裁統治的最終結局。[61]

⁂

向新事物轉型只不過是開端，對整個區域而言都是如此。人們說著一九八九年的革命，但轉型過程始於那年之前，並且延伸到那年以後很久，直到當今。最早的革命事件發生在一九八〇年八月，波蘭人發起了多達一千萬人參與的抗議運動，當局雖然禁止，卻始終未能粉碎。等到一九八〇年代末波蘭爆發罷工，改革派共產黨人召來團結工聯領袖，協商（部分）自由選舉的「解決方案」。但那次事件的共振傳到了波蘭之外的國家，因為工會毫無間斷的力量，向蘇聯集團各國人民展現出國家社會主義亟需修補，而修補之道遠在列寧主義之外，實際上更抵觸了列寧主義。

這是故事的其中一面：某些東歐人向其他人展現出他們共同困境的性質所在，以及解脫的方法。另一面則在各國共產黨本身內部，就在自由派（其中戈巴契夫最重要，還有匈牙利和波蘭的社會主義者）探討和準備改變之時，例如透過法典改革。要是沒有戈巴契夫，共產主義體系仍有可能持續，或許會轉型成不同事物。德意志民主共和國、捷克斯洛伐克、保加利亞和羅馬尼亞都欠缺改革派，正因如此，一九八九年的事件在這些地方，就顯得比匈牙利和波蘭更具爆炸性（也更有革命意義）。某位作者把匈牙利的轉型說成一場「協商革命」。[62]

有利於戈巴契夫改革方案的「結構性」論點在於經濟，東歐所有國家都愈發債臺高築，因此越來越依賴銀行，危機深不見底。一九八〇年代，波蘭光是要支付國債的利息就困難重重。羅馬尼亞是唯一拒絕仰賴西方貸款的國家，它在一九八二年決定付清所有外債，結果因此落入了宛如一九一七年俄國的處境：問題不在於會不會爆炸，而是何時爆炸。一九八九年革命的連鎖反應性質，因此確保了蒂米什瓦拉引爆之後，隨之而來的結局就在民主「論述」之內發生——雖然事實上只不過是共產黨人互換位置而已。[63]要真正轉型為民主統治，還得等到一九九〇年代後半。

因此，當歷史學者由小到大地書寫一九八八年和一九八九年革命跨越國界的連鎖反應或「雪崩」（更像冰山落入海中，而非部分冰川崩塌）時，必須記得當時沒人知道改變會進行到何種地步。或許原因在於就連波蘭異議人士和匈牙利社會主義改革派等行動者，都無法辨別出這場改革中的國際規模（而對今天的我們而言卻清晰可見）。捷克人首先看出了這股龐大動力。十月初東德難民列車離境、十一月初柏林圍牆倒下之後，外國攝影記者在場的布拉格本身也成了革命場景，這場革命來得非常突然，從提出重大問題到看似得到解答的時間，不過一週半而已。

跨國鼓動和醞釀還有第三個層次：西方在東方扮演的角色，始於一九八〇年代美國領事館官員鼓勵異議人士及共產黨改革派，但持續到一九九〇年代仔細觀察政治變遷。這樣的影響除了在波蘭，也在匈牙利。流亡西方的慈善家喬治・索羅斯（George Soros），一九八〇年代初期將他的開放社會基金會（Open Society Foundation）合法遷往匈牙利，與匈牙利科學院合作，提供技術裝備（例如影印機）、津貼，以及與西方公民社會組織的聯繫管道。[64]即使在共產政權尚未瓦解之前，匈牙利也就這樣與倡導民主的非政府組織「建立關係」。隨後斯洛伐克和保加利亞威權領袖的垮台，也與活躍於這些國家的非政府組織，乃至歐盟官員的工作直接相關。

東歐區域對於負債危機加劇的回應，以及西方債權人的壓力，也與遙遠的過去如出一轍。各國人民上一次跨越歐洲國界全體動員爭取自由，正是一八四八年春天。[65]那次危機之前是遍及全歐的接連歉收、經濟衰退、民主宣傳，政治和知識的醞釀因而擴及各地。法國的革命傳達出信號，實現共同抱負的時機已然到來，當消息一傳到那不勒斯、曼海姆（Mannheim）或布加勒斯特，學生、工人和其他都市革命人士紛紛響應。這股熱情相對短促，因為舊體制其實並未潰敗，反倒從一八四八年夏天開始在北義大利和布拉格重新施展權威，革命翌年就被鎮壓了。

如果說一八四八年是都市階級試圖掙脫封建桎梏，那麼一九八九年就是整個社會努力擺脫逐漸顯得適得其反又不合時宜的現代化改造。自一九七〇年代晚期以來，東歐區域經濟落後，除了東德和蘇聯之外，我們知道就　官僚都無可避免地早早放棄依據信念來經營國家。

一九八九這一年的劇本看來與一八四八年相似，但結局更幸福一些。一八四八年過後十年，一八六〇年代初期哈布斯堡的兩難，與一九八九年也有相似之處，經年累月的財務困難，迫使哈布斯堡實施憲政改革，好讓它滿足倫敦和巴黎的放款人。同樣地，波蘭和匈牙利政府在一九九〇年登上自由之境，也立即面臨挑戰，要讓國家重新建立健全的財政基礎，以免從國際匯兌體系掉隊。但波蘭在一九九〇年初經歷的惡性通貨膨脹，卻顯然是二十世紀才有的現象，遠非哈布斯堡官員所能想像或應對。

chapter 26

東歐爆炸：南斯拉夫繼承戰爭

一九八九年，東歐人口開始投入新的政治生活。六月，千百萬波蘭人和數十萬匈牙利人都表明了想要在不同政體下生活的渴望，波蘭人投票反對共產黨，匈牙利人則參加一名被殺害領導人的公開遷葬儀式。這兩地的公民都在組織新的政黨、報刊、結社和事業。而在德意志民主共和國和捷克斯洛伐克，小型團體（但事後回顧，更具革命意義）也逐漸組成非國家組織，例如要求官方選舉重新計票的倡議。

但一九八九年最喧鬧的人群卻是在南斯拉夫。六月二十八日，一百多萬塞爾維亞人突然來到科索沃平原（Kosovo Polje，科索沃的黑鳥之地，一三八九年的戰場），成了社會主義時代最大規模、或許也是南斯拉夫歷史上前所未見的群眾聚集場面。某種意義上，他們也在示威要求現行政權下台，但奇怪的是，他們的英雄卻是銀行家出身的民族主義煽動者——共產黨領袖斯洛波丹・米洛塞維奇（Slobodan Milošević）。他們訴求塞爾維亞民族據稱對於科索沃一地的權利。因此，正當大半個東歐政權朝向和平地與西方重新整合而邁進之時，各種力量卻匯聚於南斯拉夫（不只在塞爾維亞，也在克羅埃西亞和斯洛維尼亞），以族群民族主義之名撕裂一個多民族國家。

國際媒體太過關注北方各國共產主義的衰亡，未能留意這個大不相同的故事。部分原因在於它乍看之下十分相似：讓米洛塞維奇乃至其他地方的民族主義政治有可能發生的主因，同樣在於舊的馬克思列寧主義意識形態喪失了激勵人民效忠的力量，公民社會就在此時動員起來。即使米洛塞維奇把持了塞爾維亞的民族政治（也延伸到了蒙特內哥羅、斯洛維尼亞、波士尼亞和克羅埃西亞），一九八九年末仍有數十個新公民社會組織興起於南斯拉夫各地。但這些新組織自稱代表的「人民」（呼應了東德人民後來的口號「我們是**同胞**！」）卻是特定族群實體。一九九一年春天，斯洛維尼亞人和克羅埃西亞人投票通過脫離南斯拉夫聯邦，聯邦則以暴力回應：塞爾維亞強人米洛塞維奇派出戰車、重炮和炮艇逼迫他們屈從。到了一九九一年十月，數十年來不曾見於歐洲的罪行已經變得司空見慣，描述這些罪行的新詞進入了流行用語：族群清洗。

一名歐洲近代史作者宣稱，動搖和摧毀南斯拉夫的力量源頭很近。他寫道，塞爾維亞民族主義出現於「一九六〇年代晚期」——[1]這句話完全不對。對於塞爾維亞人擁有共同命運、不容許塞爾維亞受傷害的普遍信念，早在十九世紀就已經出現。這些信念是一股潛伏的力量，隨時可能被常常只是追求狹隘個人利益的政治人物召喚出來。但民族主義的怨恨特質，確實在一九六〇年代歷經質變，且不限於塞爾維亞，而是包含克羅埃西亞與斯洛維尼亞兩個共和國。

換言之，只看其中一地、一名領袖或一個十年期，不足以解釋南斯拉夫分裂。分裂的原因埋藏得更深也更複雜，要回溯好幾代人，最直接是回溯到一九八〇年代初期，但更根本的則在一九六〇年代，還要往前回溯到被壓抑的更早期衝突記憶。

南斯拉夫的悲劇是改革延宕和失敗的悲劇，一如蘇聯集團其他國家，首先在一九六〇年代發生，然後一九八〇年代再來一次。

一九八〇年代的危機，何以在南斯拉夫產生出「民族主義」回應，部分原因與南斯拉夫族群的持續錯綜複雜有關，與中歐東北部多為單一族群的國家恰成對比。捷克斯洛伐克的兩大族群由雙方共同認可的邊界隔開，正如本書第二十七章所示，他們可以輕易分割，即使未必乾淨俐落。反之，南斯拉夫的主要族群是塞爾維亞人，卻也大群定居於塞爾維亞共和國之外。因此，民族主義政治人物就有了機會，挑撥受到普遍感知、又因多年來經濟上的嚴重不確定而加劇的民族不滿，而組成群眾運動。斯洛波丹・米洛塞維奇尚未掌權之前，就有人宣稱塞爾維亞人在科索沃遭到種族滅絕。由於這名領袖的崛起恰與歷時數十年的全歐洲安全架構解體同時發生，當衝突爆發時，就無法確認由誰負責阻止。戈巴契夫曾經倡導歐洲共同家園，但《華沙公約》在一九九〇年作廢，北大西洋公約組織的意向不明。歐洲聯盟沒有自己的軍隊。

駭人的反諷在於，南斯拉夫這個直到一九八九年都看似東歐最進步、最向世界開放的國家，很快就成了戰場，上演老套的政治鬥爭：炮兵開始瞄準現代都市區域，摧毀幾代人的建設成果，狙擊手開始逐一射殺身為「外來」族群的平民。到頭來，這場鬥爭沒有哪一方勝出，整個南斯拉夫區域全都經濟倒退。問題在於：這種事怎能發生？

⁂

最接近也最明顯的起因在於經濟。一九六〇年代中期，在依賴西方慷慨援助的物資多年之後，南斯拉夫經濟開始趨緩，面臨改革壓力。如同匈牙利，改革也包含了分權，也就是要求對「草根」基層數萬家工廠和農場的需求與能力幾乎一無所知的中央政府將決策權下放。改革的主要障礙是內政部長亞歷山大・蘭科維奇（Aleksandar Ranković），他是游擊隊領導層的元老，一般認為他是約瑟普・布羅茲・狄托（Josip Broz Tito）的接班人。一九六六年，狄托利用一個聾人聽聞的發現，將蘭科維奇清洗出黨：蘭科維奇指揮的警察在狄托寢室裡裝設竊聽器。一九六六年七月一日下午，國家廣播中斷正常播放，向南斯拉夫人民宣布蘭科維奇被開除一切黨職和公職。祕密警察成了「國中之國」。狄托質問被他召喚到布里俄尼（Brioni）島上別墅的黨中央委員們：這種行徑豈不讓人聯想到史達林主義？

但蘭科維奇不只是區區警察。他是塞爾維亞人，人們普遍認為他挺身捍衛塞爾維亞人的利益，他的去職則被看作是打壓塞爾維亞人在南斯拉夫的地位。（被開除出黨的他銷聲匿跡許久，一九八三年逝世，當時數萬人在貝爾格勒參加葬禮，即使葬禮消息並未公告。）[2]年紀更輕的幹部這時看出新的升遷可能性，塞爾維亞和克羅埃西亞都出現了重大改革倡議，與蘇聯集團內各國的倡議內容相差不遠。但與匈牙利相反，南斯拉夫的政治和經濟權力下放明確有益於族群實體，因為聯邦六個共和國都有族群性質，即使從未明定於法律（六個共和國被認為與特定「人群」同義，但卻沒有清楚定義包含哪些人群）。[3]倘若聯邦權力減弱，這些共和國就會成為「國家」的原型。

改革運動在克羅埃西亞最為熱烈，經濟自由化的動力在當地與人們所感受到的經濟歧視變得密不可分。克羅埃西亞吸收了最高額的強勢貨幣，卻又必須把大半金額上繳貝爾格勒。聯邦其他共和國覺得這是地理上的意外，因為克羅埃西亞迷人的海岸吸引觀光客前來，這與該國公民的勤奮努力或其他美德沒有多大關聯。但克羅埃西亞人把「他們的」財政收入被搬走視為針對他們個人的冒犯：再一次，許多人認為民族和族群遭受到的不平，彷彿與自身家庭息息相關。正如一九二〇年代，克羅埃西亞人在日積月累的民族主義不滿之中，忘記了南斯拉夫的作用在於維持多族群疆域和平，並保障克羅埃西亞民族存有不受鄰居的收復故土主張侵害。儘管如此，經濟數據仍能清楚說明實情：南斯拉夫的對外貿易和金融資本集中於貝爾格勒，首都菁英也運用銀行界和政府各部的地位強化塞爾維亞經濟，確保塞爾維亞在聯邦中的優越地位。[4]

克羅埃西亞改革運動人稱「克羅埃西亞之春」（一九七〇年至一九七一年），但改革的衝動卻不止於克羅埃西亞，也在斯洛維尼亞和塞爾維亞鼓舞了年輕一代的改革派共產黨人，亦即「自由派」和「技術官僚」（問題解決專家）。[5] 克羅埃西亞最有名的改革派是米可・特里帕洛（Miko Tripalo）和薩夫卡・達布切維奇－庫采爾（Savka Dabčević-Kučar），塞爾維亞則是拉廷卡・佩羅維奇（Latinka Perović）和馬可・尼科齊奇（Marko Nikezić）。特里帕洛和佩羅維奇都是法學教授，達布切維奇－庫采爾是經濟學教授（她的博士論文研究凱因斯），尼科齊奇則是高階外交官。[6] 他們全都比狄托小一代，青年時期就加入游擊隊，接受了反一元化邏輯，支持與其他共和國合作而非對抗。他們都被視為現代化人士而非「民族主義者」，因年輕與活力廣受歡迎，他們都無法忽視各自所代表地區（克羅埃西亞和塞爾維亞）的（離心）情緒，也無法忽視軍方和南斯拉夫共產主義者聯盟等強大（向心）聯邦機構。他們全都必須特別留意保持狄托元帥的好感，因為狄托把維持平衡與統一當成自己的個人使命。

蘭科維奇垮台後更加自由開放的氛圍中，反對中央統治的不滿呈現出民族色

圖 26.1　一九七一年，薩夫卡・達布切維奇－庫采爾在札格雷布演說。

來源：www.croatia.eu；http://croatia.eu/article.php?lang=1&id=23

彩。克羅埃西亞文化機構文化及科學院（Matica Hrvatska，一八四二年成立，某種程度上始終樂意表達民族觀點）出版的週刊，這時刊出了各種驚人內幕，並以十萬本左右的發行量大規模流通，例如一九七一年克羅埃西亞首都札格雷布（Zagreb）的警察，百分之五十六點五是塞爾維亞人；[7] 或是克羅埃西亞的警察、軍人和祕密警察，三分之二是塞爾維亞人；或是克羅埃西亞境內百分之四十的職位由塞爾維亞人出任（即使人口僅占百分之十二）。而克羅埃西亞人在南斯拉夫國家的地位據說正在衰退：一九一八年，克羅埃西亞人占全國人口百分之二十八，但一九七〇年僅占百分之二十一。[8] 按照克羅埃西亞知識分子的說法，一九六七年發行的一部塞爾維亞－克羅埃西亞語（塞克語）辭典，在所謂的共同語言中有系統地偏袒塞爾維亞變體、而非克羅埃西亞變體。克羅埃西亞作家發表一份聲明，對強加塞爾維亞書面語給克羅埃西亞人，並削弱克羅埃西亞人的民族地位表達關切。克羅埃西亞學者編纂了克羅埃西亞語正字法作為文化自衛的手段之後，塞爾維亞語言學者在貝爾格勒發表公開信，擔憂克羅埃西亞境內「不受保護」的塞爾維亞人。[9]

一九六九年和一九七〇年，克羅埃西亞興起一場「群眾運動」，改革派領導人既不帶領也不予譴責。當時的政治集會揮舞著克羅埃西亞人的紅白格紋旗（第二次世界大戰後已不復見）、高唱民族主義歌曲。這讓反對改革的人抓到了把柄：沒過多久，祕密警察就暗指克羅埃西亞改革者和流亡國外的烏斯塔沙（Ustasha）運動有關，而這些影射也有一部分登上了塞爾維亞報刊。

事態在一九七一年秋天升高。經濟、文化和政治「戰線」湧現之後，共產主義者聯盟的克羅埃西亞中央委員會要求掌控共和國的外匯儲備，約有三萬名克羅埃西亞學生也罷課響應。他們要求達布切維奇－庫采爾更加獨斷，但她卻懇求學生們復課。她失去掌控能力了。學生示威來到暴動邊緣，「群眾運動」則堅持要求一個克羅埃西亞民族國家、與聯邦分立的軍隊，以及克羅埃西亞在聯合國的席位。這一切都使得生活在克羅埃西亞領土上的塞爾維亞人，在一個可能的克羅埃西亞民族國家中的權利成了問題。[10]

狄托身為馬克思主義者，起先熱烈支持達布切維奇－庫采爾，但克羅埃西亞傳來的報告讓他開始擔心了。當地民族主義的復甦，看來是無法合理解釋也不受控制的現象。讓事態更加嚴峻的是，才剛撲滅布拉格之春的蘇聯領導人列昂尼德・布里茲涅夫提議，要是狄托無法藉由撲滅克羅埃西亞之春來恢復秩序，就會出手支援，狄托因此緊張起來。一九七一年十二月，狄托在弗伊弗迪納省（Vojvodina）卡拉歐萊沃（Karadjordjevo）的獵場小屋召見克羅埃西亞領導人，命令他們辭職。警方鎮壓逮捕數百人，一千多人被共產黨開除黨籍，文化及科學院被指為反革命中心而關閉。翌年秋天，狄托為了達成「平衡」，也肅清了塞爾維亞、馬其頓和斯洛維尼亞共產黨領導層中的自由派。其中不言而喻的訊息是，開誠公布和容忍（戈巴契夫日後稱為「開放」）為國家所不容的民族主義要求大開門戶。狄托要求恢復嚴格黨紀，終結年輕幹部的「無政府自由主義」（anarcho-liberalism）。總計大約一萬兩千名政治、經濟、文化生活的頂尖人物遭到革職，代之以「幾乎沒沒無聞的庸俗野心家」，斯洛維尼亞歷史學者約瑟·皮爾耶維奇（Jože Pirjevec）稱這個過程為一波「原始主義浪潮」。[11]

實際上，狄托將地方民族主義趕到了地下，使得區域利益無處表述且不合法。當它們在一九八〇年代重新浮現，就不再是自由主義的了。改革被壓制的遺緒也很沉重：塞爾維亞人害怕克羅埃西亞的改革與自由化，將示意著烏斯塔沙及其罪惡捲土重來；克羅埃西亞人憎恨塞爾維亞當權派，覺得他們阻撓了改革（即使狄托不是塞爾維亞人）。樂觀派可能會說，塞爾維亞人和克羅埃西亞人菁英能在相對開放條件下，協商彼此差異的機會（後來的發展顯示，這是最後一次機會）被浪費了，此時還不必面對後來的嚴峻壓力，又有狄托提供安定局面。悲觀派則會說，克羅埃西亞之春證明了，當南斯拉夫走向自由化和分權，這個國家的問題就很棘手。塞爾維亞自由派反對克羅埃西亞人要求更多自主權，但不是出於族群至上主義，反倒正因為他們是溫和派，知道克羅埃西亞民族主義的陰影，會損害他們自己對抗大塞爾維亞民族主義的鬥爭。狄托本人想要維持平衡，但被他整肅的人（例如重要的塞爾維亞作家多布里察．喬西奇〔Dobrica Ćosić〕）卻將他詆毀為毫無道德標準的「史達林主義者」和「虛無主義者」（但沒有指名道姓）。[12]因此一九八〇年狄托去世後，喬西奇等知識分子在塞爾維亞興起的民族主義浪潮中大展身手，也就不出所料。

同時，狄托本人則主導起草了一份在他身後激化危機的文件：一九七四年憲法，當時世界上篇幅最長、或許也最複雜的一部憲法。這份文件並不是為了恢復貝爾格勒的中央集權控制，因為中央集權是被稱為「一元化」的罪惡，而是試圖藉由平衡中央和區域，同時重申黨的領導作用，強化黨在各個共和國和各省的角色。地方黨委書記可以統治各自區域，不受中央節制。另一方面的折衷則是提升塞爾維亞境內科索沃和弗伊弗迪納的地位，讓他們成為準共和國，有自己的國會、國家銀行和警察隊。地區黨機關由當地人（在科索沃指的是阿爾巴尼亞人〔Albanians〕）掌控。[13]結果便是在南斯拉夫占人口四成以上的塞爾維亞人，只在名義上掌控境內八大行政區之一。專攻尼采的塞爾維亞哲學家米海洛．久里奇（Mihailo Đurić）說，這個政策不僅把塞爾維亞民族分成四個不同國家（塞爾維亞、蒙特內哥羅、波士尼亞－赫塞哥維納、克羅埃西亞四個共和國），更在塞爾維亞境內實質上分割出兩個不同國家。[14]

一九七四年憲法在兩個世界都產生最壞結果：黨的持續控制，加上不穩定的分權。權力下放給了各共和國忠於狄托的共產黨官員，但基本經濟問題卻仍然無解。

一九八〇年五月狄托逝世之後，中央權力歸屬於集體主席團，每年由各個不同共和國的代表輪值。因此南斯拉夫沒有領袖，前後一貫的統治變得不可能。雪上加霜的是，每個共和國在聯邦之內都有否決權。一九八一年三月，全國最貧困區域科索沃的阿爾巴尼亞學生，開始示威要求更好的生活條件。他們往往得為了吃一頓飯在自助餐廳排隊數小時。抗爭不久就轉成民族主義性質，要求讓科索沃成為完整的共和國。學生和警方發生了暴力衝突，官方提供的死亡人數是五十七人，即使真正的人數恐怕高得多。但局勢未能平靜下來，訴求持續升級。學生們很快就開始要求與阿爾巴尼亞統一，他們高呼「我們是阿爾巴尼亞人，不是南斯拉夫人！」他們的行動讓人想起了一九三〇年代，那時波希米亞的德意志人以壓倒性多數選擇脫離中歐最寬容的國家，迎向最高壓的國度；而現在，這些學生也正在要求脫離世上最自由開放也最寬容的共產國家，投入世上最教條也最僵化的共產國度。[15]

但科索沃人認知到的族群歧視與一九六〇年代晚期克羅埃西亞人的認知並無二致。在這個例子裡，為這種認知推波助瀾的不是地位喪失，而是學生敏銳感受到的純粹苦難——這些學生是既能識字又接受過高等教育的第一代（直到一九八一年，科索沃的學生與文盲占總人口比例都是全南斯拉夫最高）。[16]從一九五〇年代至一九八〇年代，科索沃低落的生活水準比全國其他地方更糟，這個省分的失業率為全國第一，其中又以阿爾巴尼亞人失業率最高（阿爾巴尼亞人失業率攀升，同時塞爾維亞人失業率下降）。[17]

這種被歧視的感受並非新鮮事。戰間期的南斯拉夫國家就拒絕承認科索沃境內非塞爾維亞人的地位，因此在戰後南斯拉夫更為寬容的環境中，科索沃不得不從阿爾巴尼亞輸入教師（一九四〇年的科索沃有兩百五十二所學校，全以塞爾維亞語授課）。[18]即使阿爾巴尼亞人不再受到壓迫，大量資金也被用來支持發展，南斯拉夫國家卻不認為科索沃人忠心。整個一九五〇年代，多半由塞爾維亞人組成的警察會定期進入科索沃人村莊搜查武器。

然而塞爾維亞人當局的任何措施，都無法遏止科索沃境內塞爾維亞人地位衰落。該省的阿爾巴尼亞人比例從一八九九年的百分之四十八，增長到一九八一年的百分之七十七。[19]塞爾維亞人口數在一九六一年有二十六萬四千六百零四人，但在一九九一年下降到二十一萬五千三百四十六人，人口比例從百分之二十三點六降到百分之十三點二。同一時間，阿爾巴尼亞人口從百分之六十七點一增長到百分之七十七點四二，這一切的原因除了在於歐洲最高的生育率（一九八〇年代晚期為千分之二十九），以及擁有一技之長的塞爾維亞人出走到北方尋求更好工作。也正如殖民地的情況，留在科索沃的塞爾維亞人不成比例地把持各項專業的高位，尤以技術、醫學和法律為甚。[20]

但塞爾維亞人偏偏不覺得自己享有特權。科索沃對於塞爾維亞人的民族想像至關重要，它是古老的腹地（稱作老塞爾維亞），也是位居塞爾維亞人歷史神話核心的一三八九年戰役的發生地，而科索沃塞爾維亞人被逼向滅絕的報導開始四處流傳。一九八〇年代中期，當通貨膨脹率達到百分之一千，許多塞爾維亞人（科索沃境內的，但特別是科索沃之外的）都情願從經濟和人口模式中解讀出邪惡意圖。例如在一九八五年，據傳阿爾巴尼亞人迫害塞爾維亞人，而警方袖手旁觀，結果一名塞爾維亞農民被緊急送進醫院急救，因為碎玻璃瓶插進了肛門。塞爾維亞人方面宣稱，他被兩名蒙面的阿爾巴尼亞人襲擊，對他施行了羞辱基督徒的儀式（據說是「穆斯林」的肛交行徑，為了把塞爾維亞人趕出科索沃）；阿爾巴尼亞人方面則說，這位農民在自慰時不慎失手。強暴及其他暴行的報導大幅增加，過不了多久，「種族滅絕」一詞就在貝爾格勒流傳，用以描述科索沃塞爾維亞人的命運。

這個詞出現在一九八六年由首屈一指的塞爾維亞知識分子發表的一份「備忘錄」中——這些人包含共產黨改革派（例如多布里察・喬西奇），再次顯現出民族主義如何壓倒和扼殺其他各種忠誠的力量。他們寫到「享受特權的阿爾巴尼亞雜牌軍（bashibazouks）」在第一次世界大戰前運用「兇殘恐怖」行徑，逼迫十五萬左右的塞爾維亞人離開溫暖的家園。這些作者指控（與實情相悖），這樣的壓力在第二次世界大戰後捲土重來且變本加厲，「多達二十萬塞爾維亞人被迫離開」。塞爾維亞名義上是南斯拉夫聯邦內的「國家」，但這個國家卻沒有能力「終結科索沃種族滅絕，制止塞爾維亞人逃離祖先居住的家園」。塞爾維亞必須成為純屬塞爾維亞人的國家，才能容許塞爾維亞人自衛，不受「以族群為由的歧視」。經濟危機只是問題的一部分。塞爾維亞經濟「一直以來都向不發達地區撥出將近一半的淨資本儲蓄，導致經濟水準被拖累到無異於不發達的共和國」。[21]

這種民族主義不滿在戰後年代的政治菁英圈中始終是禁忌，但不可思議的是，一名位居要津的塞爾維亞共產黨人不僅拒絕加以譴責，更將這些不滿轉化為個人事業。此人正是鮮為人知的官僚斯洛波丹・米洛塞維奇，以其身為銀行家的才幹和師從塞爾維亞共產黨主席伊凡・斯坦博利奇（Ivan Stambolić）而著稱。米洛塞維奇先前對民族主義事業並無感情，但在一九八七年四月的一次事件中，他看出了民族主義幫助他爭逐權力的用處。斯坦博利奇派他前往科索沃，在科索沃平原的一三八九年古戰場，聽取當地塞爾維亞人的民怨。他在當地一處會議廳聽取委屈憤怒的居民發言，這時門外爆發打鬥，警察動用警棍回應（我們如今知道了，來自塞爾維亞的民族主義者挑起了這場鬥毆）。米洛塞維奇起身離席，並且說出一句讓他的政治機遇塵埃落定的話：「誰都不該膽敢打你們！」這句話在塞爾維亞電視節目上反覆播放，米洛塞維奇迅速成為民間英雄，號稱是難得一見願意說真話的誠實政治人物，不管多麼政治不正確。十二月，他把驚詫的斯坦博利奇從共和國總統一職趕下台。

米洛塞維奇以菲律賓的「人民力量」模式為基礎，在塞爾維亞和蒙特內哥羅全境召開群眾集會（稱為「實話會」），動用巴士載來與會者，向「反應遲鈍的」共產黨官僚洩憤。不久，他就控制了弗伊弗迪納和蒙特內哥羅的共產黨領導層。一九八八年十一月，米洛塞維奇在貝爾格勒市中心一場三十五萬多人的集會上演說科索沃問題，他宣告：「每個民族都有一份愛讓心永遠溫暖。塞爾維亞的這份愛就是科索沃。所以科索沃會繼續屬於塞爾維亞。」[22]翌年春天，他修改塞爾維亞憲法，終結科索沃的自治地位，然後在六月二十八日召集一百多萬支持者來到科索沃平原，紀念塞爾維亞那場為了天國而打的神話之戰迎接六百週年。

當時正值東歐其他國家的民權運動驅逐共產黨，邁向民主多元政體之際。但在南斯拉夫，一名再起的共產主義民族主義強人，卻控制了該國八個實質共和國的其中四個。由此在斯洛維尼亞和克羅埃西亞引發了急迫的擔憂，害怕被塞爾維亞人支配的國家壓制。斯洛維尼亞在一九八八年產生了多黨制政體，到了一九八九年二月，已經有了十個政治組織。斯洛維尼亞人仿效米洛塞維奇的先例，也修憲讓斯洛維尼亞成為「獨立主權國家」。該國領導層宣示要續留南斯拉夫聯邦，但要重新談判國家形式。南斯拉夫不應再由共產主義者聯盟支配，而是要由透過民主且擁有正當統治的成員國自願組成聯邦。

但這些國家的邊界究竟會是如何？社會主義南斯拉夫的四部憲法，惡名昭彰地混淆了「共和國」和「不同人群」的範疇，並同時賦予兩者脫離聯邦的權利。[23]但盡人皆知，塞爾維亞「人群」不受塞爾維亞的國界限制，因為大群塞爾維亞人同樣定居於克羅埃西亞和波士尼亞－赫塞哥維納。斯洛維尼亞在一九九〇年五月舉行公民投票，取得共識脫離南斯拉夫聯邦。事實證明，分離過程相對容易：幾次小衝突過後，南斯拉夫軍隊撤離該國。但克羅埃西亞就不是這回事了。

民主化在克羅埃西亞為民族主義煽動開了路，尤以專業歷史學者弗拉尼奧·圖季曼博士（Dr. Franjo Tudjman）領導的克羅埃西亞民主聯盟（Hrvatska Demokratska Zajednica，HDZ）為烈。圖季曼和米洛塞維奇一樣，有一段共產主義運動的生涯，一九四一年就加入了游擊隊，戰後仍在軍中服務，一九六〇年成為南斯拉夫軍隊最年輕的將軍。但身為徹底的民族主義者，他比塞爾維亞的米洛塞維奇更資深得多。圖季曼一九四六年以後定居於貝爾格勒，他覺得自己受到塞爾維亞和蒙特內哥羅軍官羞辱，這些人譏諷克羅埃西亞人對游擊隊鬥爭的貢獻。一九六一年他申請退役，成為札格雷布的工人運動史研究所所長，運用這個職位提倡克羅埃西亞人對歷史的看法。比方說，他下修官方公布的克羅埃西亞獨立國暴行死亡人數。他熱烈支持克羅埃西亞之春，因而被撤除所長一職，一九七一年被控從事民族主義活動而入獄服刑（一九八一年又因接受瑞典記者專訪而再度被捕）。[24]

一九八九年六月，隨著南斯拉夫分崩離析，圖季曼組織了克羅埃西亞民主聯盟，很快就開始把自己的歷史觀轉換成政治。就在一九九〇年四月國會選舉前夕，他說二戰時安特・帕維里奇（Ante Pavelić）的烏斯塔沙政權「體現了克羅埃西亞民族獨立建國的歷史願望」。[25] 圖季曼團隊一上台執政，就準備了一份憲法草案，將克羅埃西亞國家稱為「克羅埃西亞民族主權國家」。那年稍後真正通過的憲法，則把塞爾維亞人從國家的構成民族（constituent nation）降格為「少數民族」（national minority）。[26] 此一名稱的確切意義不明。

這些事實對於克羅埃西亞東部沿著波士尼亞邊境一帶的塞爾維亞民族主義領袖，可謂正中下懷，那兒是昔日哈布斯堡的軍事邊疆（Military Frontier，塞爾維亞－克羅埃西亞語稱為「克拉伊納」〔Krajina〕），信奉正教會的塞爾維亞人自數百年前先祖落腳於此之時，便形成了人口稠密的聚落。上一個「獨立的」克羅埃西亞政權，在這些地區對塞爾維亞人犯下了駭人聽聞的暴行，但昔日的罪惡這時被放大，並與克羅埃西亞現任領導人聯繫起來，而現任政府又不智地用與烏斯塔沙有關聯的克羅埃西亞紅白格紋旗取代南斯拉夫國旗。克羅埃西亞領導人這時正在流亡海外的克羅埃西亞人協助下建立武裝，而某些海外流亡者有著陰暗的過去。[27] 克羅埃西亞的塞爾維亞人（將近總人口的百分之十二）大多數支持某種妥協方案，[28] 但最終掌握權力的仍是最激進的民族主義者，再加上來自貝爾格勒的支持，以及南斯拉夫聯邦軍（JNA）駐防克寧（Knin）的第九軍塞爾維亞人指揮官拉特科．穆拉迪奇將軍（Gen. Ratko Mladić）留下的軍火庫和武器。[29] 一九九〇年秋天，塞爾維亞民兵趕走克羅埃西亞警察，控制了軍事邊疆。他們和圖季曼一樣，自稱是在實現當地人民民主自決的願望。

※

翌年，當斯洛維尼亞和克羅埃西亞國會雙雙表決通過脫離南斯拉夫聯邦，戰爭隨即爆發。南斯拉夫聯邦軍入侵這兩個共和國占據領土，宣示要維護南斯拉夫的主權完整。斯洛維尼亞的戰鬥只在一九九一年夏天打了幾星期，因為該國人口絕大多數是斯洛維尼亞人，該國邊界多半也與族群邊界重合。戰鬥不到兩星期，歐盟居間達成停火協議，南斯拉夫聯邦軍將部隊撤退到克羅埃西亞境內。戰鬥造成十八名斯洛維尼亞人和四十四名聯邦軍人喪生。[30]

聯邦軍指揮官一進入克羅埃西亞，就出手幫助塞爾維亞分離主義者掌控塞爾維亞人大量群聚的地區，尤其是軍事邊疆和斯拉沃尼亞（Slavonia）東部。他們逼迫非塞爾維亞人逃亡，通常先殺害克羅埃西亞人領袖（例如醫師和律師），藉以懾服其他頑抗者。「族群清洗」一詞從此進入了英文常用詞彙之中。拒不投降的地區就被炮轟到降伏為止。在圍攻斯拉沃尼亞城鎮武科瓦爾（Vukovar）的八十七天戰鬥中，巴洛克式的城鎮中心被炸成廢墟，克羅埃西亞居民被迫逃亡。十一月十八日該市失守後到訪的記者報導：「街上散落著人和動物的屍骸。恐怖的建築物骨架仍在燃燒，每一方寸之地幾乎都逃不過毀壞。眼神狂熱的塞爾維亞志願兵在街頭呼嘯而過，口袋裡裝滿搶來的財物。」第二次世界大戰之後已不復見的暴行，突然變得司空見慣，例如武科瓦爾軍醫院內約有兩百六十名病患，全被就地處死。[31]從克羅埃西亞的觀點看來，武科瓦爾守軍是英雄，因為他們阻止了南斯拉夫聯邦軍向札格雷布和西方更遠處進攻。

武科瓦爾失陷五天後，擔任聯合國祕書長特使的美國前國務卿賽勒斯・范錫（Cyrus Vance）協商出一項停火協議，由戴著藍色頭盔的聯合國維和部隊執行。[32]協議確認了塞爾維亞民族主義者掌控了近三分之一的克羅埃西亞歷史疆域。歐盟在剛統一沒多久的德國施壓下，跨出了爭議性的一步——承認斯洛維尼亞和克羅埃西亞獨立，此舉大概是為了把衝突「國際化」，讓國際干預更可能實施且有效。[33] 但此舉卻產生了不幸的作用，那就是把多族群的波士尼亞－赫塞哥維納孤立在殘存的南斯拉夫之內，從而引出一大問題：當地的穆斯林和克羅埃西亞人，能否繼續與米洛塞維奇的共產主義民族主義塞爾維亞結合為聯邦？又要怎麼結合？

波士尼亞政治按照族群畫分，克羅埃西亞人、塞爾維亞人和穆斯林都有政黨，由於穆斯林人口最多，他們的候選人阿里亞・伊茲貝戈維奇（Alija Izetbegović）律師在一九九〇年贏得國會選舉，出任波士尼亞總統。伊茲貝戈維奇早在二戰時就有積極參與波士尼亞政治的經歷，當時他是「青年穆斯林」組織一員，隨後在一九四三年加入了德軍編組的穆斯林師（黨衛軍聖刀師〔the SS Hands char Division〕），這種通敵行為導致他戰後被判處三年徒刑。他和波士尼亞多數穆斯林不同，信仰極為虔誠，並撰文探討現代化對穆斯林社會的挑戰。他在一九七〇年發表的〈伊斯蘭宣言〉（Islamic Declaration），使得他因為試圖建立穆斯林國家而再度入獄，也因此使他身為伊斯蘭基本教義派的名聲在塞爾維亞民族主義者之間更加響亮。他和圖季曼一樣，隨著南斯拉夫政治光譜開放而從地下登上政壇，在一九九〇年創立了自己的穆斯林政治組織。[34]

一九九二年二月，西方各國承認克羅埃西亞獨立兩個月後，伊茲貝戈維奇號召舉行波士尼亞獨立公投，結果獲得壓倒性勝利：百分之九十九票數支持脫離南斯拉夫。但波士尼亞人口三分之一的塞爾維亞人（相對於穆斯林占全國人口四成四）抵制公投，不願成為新國家的「少數民族」。[35]四月五日，伊茲貝戈維奇的政府仍然宣布獨立，塞爾維亞民兵立即圍困首都塞拉耶佛，盡其所能攻城掠地，並藉由強制驅逐、威嚇和謀殺，對非塞爾維亞人口展開暴烈清洗。例如在四月，來自塞爾維亞的民兵，控制了波士尼亞東北部城鎮比耶利納（Bijeljina），並且開始任意處死落入他們手中的非塞爾維亞人男女。兇手們對自己的傑作引以為傲，指揮官甚至邀請恰好在場的美國攝影記者朗・哈維夫（Ron Haviv）拍下照片。

某些倖存者被趕走，其他人被送進集中營；男性遭到虐待，往往挨餓，被關在畜欄裡，待遇卻不如家畜；女性則遭到有計畫的強暴。這類暴力行為的消息，導致

圖 26.2　一九九二年，巴尼亞盧卡（Banja Luka）附近曼賈薩（Manjača）集中營的囚徒。
來源：前南斯拉夫問題國際刑事法庭（ICTY）惠予提供。
Via Wikimedia Commons.

穆斯林在戰鬥到來之前（戰線延伸得幾乎無處不在）決定逃亡或武裝自衛。那年秋天，塞爾維亞軍隊控制了這個前南斯拉夫聯邦共和國七成以上的領土，龐大的難民人口匯聚於波士尼亞政府控制區和克羅埃西亞。戰鬥持續了三年多，多半是塞爾維亞人和穆斯林部隊交戰（波士尼亞人口百分之十七的克羅埃西亞人，有時與穆斯林並肩作戰，有時則不然）。[36]

到頭來，波士尼亞戰爭造

成的傷亡人數超過十萬，其中多數為穆斯林。為何無法制止戰鬥並保護平民，這個問題從此一直困擾著國際社會。北約數十年來耗資數十億美元維持和平與安全，但它在殺戮和傷殘持續三年，幾乎夜夜於西方國家電視節目中播送之後才終於出手干預。事後回顧，很難確認這場衝突有可能在哪個時間點避免。事態以穩定的速度持續發展，讓調停人員不斷陷入超乎預期、也沒有解決方案的處境之中。

戰鬥還沒爆發之前，歐盟和聯合國就試圖談判，談判專家好幾次想出將波士尼亞畫成更小單位分治的方法，卻於一九九二年二月與一九九三年四月先後被波士尼亞穆斯林與波士尼亞的塞爾維亞人在最後一刻阻撓。如今看來，分治計畫即使不完善仍尚稱合理，有可能拯救人命，但當時卻被批判為「獎勵」族群清洗。[37]聯合國認為自己的任務是維持和平，但維和部隊不能偏袒任何一方，即使在塞爾維亞人一方發動了多數族群清洗行動且難辭其咎之時也不行——戰後海牙國際法庭的審判則稱為「種族滅絕」。要是在戰鬥期間就使用「種族滅絕」一詞描述此種行徑，那麼聯合國就有責任做得比「維持和平」更多。[38]實際上，聯合國維持和平的努力，包括在穆斯林平民避難的城鎮設立「安全區」，例如波士尼亞東部的斯雷布雷尼察（Srebrenica）。但這種保障純屬虛構。塞爾維亞人一方以武力威逼頭戴藍盔的聯合國軍小分隊，藉此防止美國戰機阻撓圍攻「安全區」的行動。到頭來，安全區被輕易攻陷。聯合國軍在斯雷布雷尼察袖手旁觀，任由安全區被攻破；隨後，八千多名被俘的穆斯林男性都被冷血處決，其中許多人在他們藏身的森林裡遭到獵殺。[39]

但種族滅絕的支持力量從何而來？為何本來奉公守法的成千上萬波士尼亞人，會協力管理集中營，讓男性俘虜在其中挨餓、女性被強暴？涉入這些罪行的不是少數人，而是多達數萬人。當我們注意到南斯拉夫公民即便到了一九九〇年，對南斯拉夫國家的接受度仍然很高，這個謎題就更啟人疑竇。那一年，只有百分之七的受訪者表示這個國家可能會分裂，百分之六十二認為屬於南斯拉夫對他們非常重要。關於職場上的族群民族關係，百分之六十四受訪者表示「良好」或「滿意」，只有百分之六宣稱「不佳」或「極差」。至於街坊鄰里的族群民族關係，百分之八十五受訪者稱之為「良好」或「滿意」，只有百分之十二「不佳」或「極差」。[40]絕大多數南斯拉夫人對於一九九一年突然降臨在他們身上的暴力都瞠目結舌。即使在暴行最甚的地方也是如此，例如波士尼亞西北部城鎮普里耶多爾（Prijedor），就在波士尼亞宣布獨立後不久，當地穆斯林人口就被隔離起來，不是當場被殺就是被送走，通常送往惡名昭彰的奧瑪爾斯卡（Omarska）集中營挨餓或被凌虐。但在普里耶多爾，穆斯林與塞爾維亞人過去一直都和睦相處，塞爾維亞人在當地各級機構的就業情況也充分反映人口比例。作為少數群體的塞爾維亞人並沒有什麼醞釀中的族群仇恨，並趁著南斯拉夫國家解體時突然「爆發」。（附帶一提，穆斯林在當地也是少數。）

發生在當地的是由外部注入的暴力。一九九二年四月二十九日深夜，大約一千七百七十五名武裝精良的塞爾維亞人發動政變，奪取了普里耶多爾，隨即展開恐怖統治，從警察部門、市政機關和工廠領導層清除掉非塞爾維亞人。入侵者多數是外來者，為劫掠取利而來的慣犯。他們由來自塞爾維亞中部的著名幫派頭目「阿甘」（Arkan，本名傑利科．拉茲尼亞托維奇〔Željko Ražnatović〕）等人率領，由塞爾維亞政府提供薪餉和補給。阿甘已先後在一九九一年與一九九二年四月殘忍地接管克羅埃西亞以及比耶利納。入侵這些地方的非正規軍，都得到南斯拉夫軍隊單位支援，近似於第二次世界大戰期間德國國防軍支援納粹黨衛隊。

這些力量釋放出一輪又一輪暴力，幾乎一如二戰期間烏斯塔沙最初幾次屠殺之後的狀況。受害者親屬出於憤怒、絕望或別無選擇，加入了「己方」族群的武裝部隊，協助確保領土，某些情況下也做出族群清洗的行徑。[41] 交戰每一方的溫和派（大多數人）都被邊緣化，並被詆毀為在自身族群「面臨種族滅絕」的「民族危機」關頭時「置身事外」。直言不諱的調停者同時引來雙方暴力相向。一九九一年克羅埃西亞爆發戰鬥之際，（斯拉沃尼亞城鎮）奧西耶克（Osijek）的克羅埃西亞人警察局長約瑟普．雷赫爾－克爾（Josip Rheil-Kir）試圖調停，卻被同族一名極端分子槍殺。該城溫和的副市長則被燃燒彈攻擊住家（某位學生後來說，被人看到跟她交談很危險）。她在逃離前驚險躲過了狙擊手的槍彈。而在巴尼亞盧卡，非極端主義的塞爾維亞人很快就從市政領導層銷聲匿跡。一名塞爾維亞人日後回顧：「沒人想要戰爭發生，但我不打仗的話，我方【塞爾維亞人】就會有人殺了我，我的穆斯林朋友要是不打仗，其他穆斯林也會殺了他們。」時任聯合國特別調查員的波蘭前總理塔德烏什・馬佐維斯基說：「身為溫和派或試圖阻止暴力行為的民選官員都被解職，或由塞爾維亞人極端分子取代。」[42]

因此，一小群決心使用暴力的少數人引起苦難迸發，將眾多旁觀者捲入他們的行動，像極了人們從第二次世界大戰得知的過程，那時烏斯塔沙、納粹親衛隊及其他外來者的小部隊將暴力注入共同體，將眾多受害者轉為加害者，並以同心圓形式向外擴張，含括一個又一個共同體。

但這並非事情的全貌。還有一個問題是，人們是如何得知自己的族群正在發生什麼事？答案是：他們仰賴同族群的民族主義者所傳遞的不實資訊，這種資訊往往為復仇欲望火上加油，成為暴行的主因。國營媒體對於衝突和人權侵害，呈現的往往是扭曲過的消息，罕有例外。馬佐維斯基得出結論：「因此，一般大眾無從接觸可靠、客觀的資訊來源。」[43]

一種新的心態控制了整個區域，取代了承平時期的思維。這個心態扎根於族群，程度劇烈到排斥自我理解的更複雜層次之地步。即使在遠離戰鬥和族群清洗的克羅埃西亞首都札格雷布，依據自身教育、專業和個人品味而形成個人認同的記者斯拉芬卡・德拉庫利奇（Slavenka Drakulić），也察覺到周遭環境在轉變，只剩下唯一一種認同是重要的。她不在乎自己是不是克羅埃西亞人的主張，被斥為無稽之談，甚至荒誕不經。每個人看來都「被民族認同給壓倒了」。主流報刊把她和另外四名抱持批判態度的女性主義者，稱作蹂躪克羅埃西亞的「女巫」（德拉庫利奇不久後便流亡斯德哥爾摩）。[44]

德拉庫利奇遊歷甚廣，擁有一種精練的批判意識。其他南斯拉夫人深信不疑權威新聞媒體傳播的自身人群所受的威脅，而退回到了過往災禍和戰爭期間盛行的思維習性之中。社會學者安東尼・奧伯蕭爾（Anthony Oberschall）說，他們從「正常」心境回到了「危機」心境。危險心境源自好幾代之前的記憶——兩次世界大戰、一八七五年赫塞哥維納起義，甚至更早以前。平民和戰士在這些戰爭中並無區別，誰都不會被放過。人人都要為自己的民族身分承擔責任；暴行才是法則；人人都可能成為復仇和報復的對象。[45] 一九九〇年代初期的媒體不斷強化這種危機心境：族群清洗或許令人毛骨悚然，卻是對付再次興風作浪的烏斯塔沙、聖戰士、土耳其人，乃至威脅塞爾維亞人民的其他敵人所需的「防禦」措施。塞爾維亞人逐村宣告，被趕走的穆斯林擬定了「名單」，要綁架塞爾維亞人領袖。要求出示證據沒有意義，因為人人都「知道」這些事實。

知識分子共謀散播謊言，就連見過世面、理應明瞭事理的人也一樣。塞拉耶佛大學生物學教授、曾任塞拉耶佛自然科學院院長的比莉亞娜・普拉夫希奇（Biljana Plavšić），在一家溫和派報刊上指稱「強暴是穆斯林和克羅埃西亞人對付塞爾維亞人的策略。伊斯蘭教認為這是常事」。[46] 另一位作家堅稱，國際資本主義、伊斯蘭教和羅馬教廷的目標是「用阿拉伯國家的穆斯林替換南斯拉夫人口」。[47] 有了電視（波士尼亞的塞爾維亞人控制區接收不到塞拉耶佛電視台）和新聞媒體推波助瀾，這些訊息背後的勢力就不會受到批判評析，他們說的話成了唯一可知的真實。

從來沒有哪一場衝突如此清晰地揭露出族群與民族主義可被虛構和塑造的種種方式。關鍵問題是權力和領土，顯而易見的受益者全都樂於運用足以支撐其立場的任何論證。斯洛波丹・米洛塞維奇本來並不關切民族主義，但民族主義展現了能在南斯拉夫政壇一步登天的力量。在暴力統治無法讓他提升權力的地區，例如塞爾維亞本土，穆斯林仍繼續平靜地生活，他們大群定居於歷史上的新帕札區（Sanjak of Novi Pazar）。同理，成千上萬克羅埃西亞人、斯洛維尼亞人或阿爾巴尼亞人，整個戰爭期間也都在塞爾維亞照常生活而不受侵擾。[48]

雖然既有的嚴重族群緊張並未預示一九九一年爆發的衝突，但在一定程度上，既有的社會緊張卻預示了衝突。波士尼亞的塞爾維亞人往往出身農村、學歷較低、更加守舊，對於以宗教和族群傳統為基礎的久遠分歧意識更強。塞拉耶佛居民把這些來自鄉村的新來者叫做「蕪菁甘藍菜」（Swedes），並且鄙視他們的「粗野、粗俗的言談、幼稚的野心，以及欠缺常識」。[49]城市人口更為世俗、流動和混雜，他們的族群意識較弱、跨族群通婚更多、身為「南斯拉夫人」比例更高。[50]這些「蕪菁甘藍菜」也在戰爭期間回報這種居高臨下的態度。整個戰爭期間兇殘地圍攻首都的波士尼亞塞爾維亞領袖拉多萬・卡拉季奇（Radovan Karadžić），正是卑微的「蕪菁甘藍菜」出身，象徵著這個背景的挫折和憎恨。美國社會學者波格丹・丹尼奇（Bogdan Denitch）和一組從山上炮轟塞拉耶佛的塞爾維亞炮手度過一段時間，他意外聽見當地一名酒保（本來是個理性的人）向官兵們提出懸賞，把一輪炮火轟進城內，就能得到五十德國馬克。當丹尼奇提醒他下面有些人也是塞爾維亞人，這人回答：「誰在下面，誰就不是塞爾維亞人。」

即使許多南斯拉夫人靠著這種偏見度日，外國觀察家（尤其握有權力的）也沒表現出比他們敏銳。一九九二年的權威報告（例如馬佐維斯基的報告）已提到「消滅」波士尼亞穆斯林的企圖，但戰爭又繼續了三年。西方各國領袖被自己的誤解引導而受害，而導致誤解的部分原因來自記者的著作，例如羅伯・卡普蘭（Robert D. Kaplan）的《巴爾幹鬼魂》（*Balkan's Ghost*）。柯林頓總統一九九三年讀過該書之後得出結論：推動殺戮的仇恨太過根深蒂固，任何外國干預都無法平息。[51] 他對記者說：「在這些人彼此殺到厭倦之前，壞事都會繼續發生下去。」閱讀卡普蘭成了柯林頓的轉捩點，他本來想要採取行動，卻苦於無法釐清相互牴觸的選項。此時一位專家幫他解決了問題，給了他不作為的正當理由。這樣的弱點不分黨派。老布希政府內部同樣盛行這種觀點，認為波士尼亞各族群已經互相殘殺數百年之久。最晚到了一九九五年七月，老布希任內負責美國在南斯拉夫政策的前國務卿勞倫斯·伊戈柏格（Lawrence Eagelburger）還是說：「在那個地方，他們已經懷著某種程度的興奮，互相殘殺了好一段時間。」[52]

不採取行動的其他合理解釋，包括美國缺乏明確利益以及各種這僅是場內戰的跡象。一九九三年五月十八日，國務卿華倫·克里斯多福（Warren Christopher）在對眾議院外交委員會致詞時，提到「交戰主要三方對彼此犯下的暴行。仇恨程度就是令人難以置信」。他說，這讓這場戰爭與最為人們熟知的種族滅絕案例（滅猶大屠殺）並不相同，因為「我從沒聽說猶太人對德國人民有過任何種族滅絕情事」。[53]曾在越戰期間服役的多數美國國防專家，則說不準軍事行動的目標為何。要是北約從空中轟炸，塞爾維亞軍僅需將機動火炮轉移到新陣地，即可繼續射擊。參謀首長聯席會議副主席大衛．耶利米海軍上將（Admiral David Jeremiah）表示，轟炸會造成平民傷亡，卻不能解除塞爾維亞人的威脅。「泥沼」一詞反覆出現於柯林頓團隊的對話紀錄中。[54]無論如何，美國都不能單獨行動。

嚴格說來，不採取行動難以原諒。按照一九四八年《防止及懲治滅絕種族罪公約》（*Convention on the Prevention and Punishment of the Crime of Genocide*），聯合國有義務「防止並懲治」種族滅絕罪行，其定義為「蓄意全部或局部消滅某一民族、族群、種族或宗教團體」。報刊上的評論者幾乎每週都指出，這個標準適用於波士尼亞穆斯林。但哪些工具適合用來阻止正在進行中的犯罪？這個答案卻不怎麼明確。歐盟不該行動嗎？這裡畢竟是歐洲範圍之內。但歐盟沒有軍隊。北約憲章也未能預見「需要介入一場看似內戰、且對其會員國不構成直接威脅的衝突」這種局面，而聯合國的重要政策武器禁運，又使得波士尼亞穆斯林面臨武器匱乏，反觀塞爾維亞軍既能接手南斯拉夫聯邦軍的軍火庫，又獲得塞爾維亞增援。[55]一九九三年五月，聯合國建立七處「安全區」收容被圍困的人口，但只配備了輕兵器的聯合國藍盔維和部隊，隨後卻沒有能力保衛安全區。[56]

不過到了一九九五年，由於美國不顧聯合國禁運政策暗中提供武器，穆斯林和克羅埃西亞軍得以擊退塞爾維亞人。美國經由克羅埃西亞境內，由克羅埃西亞人代理，將武器轉手交給了波士尼亞政府。八月初，克羅埃西亞軍發動大規模攻勢，讓克羅埃西亞共和國得以控制塞爾維亞人支配的斯拉沃尼亞和軍事邊疆地區，導致二十多萬塞爾維亞人向東方逃亡。美國對此不表反對。國務卿克里斯多福指出，這波逃亡潮「產生了新的戰略形勢，可能有利於我們」，提供了「談判達成協議的新基礎」。[57] 波士尼亞的穆斯林和克羅埃西亞部隊，同樣也對波士尼亞境內的塞爾維亞陣地施壓，並開始占得上風。

轉機在下一個月來到，塞爾維亞炮兵轟炸塞拉耶佛一處露天市場，造成數十人死傷。雖然他們並非第一次這樣做，但這次炮擊平民，連同八千多名穆斯林男性在斯雷布雷尼察失陷後遭到集體屠殺的慘況，終於導致北約空襲波士尼亞的塞爾維亞陣地。領土淪陷的可能性也終於軟化了塞爾維亞方，交戰各方十一月在美國俄亥俄州岱頓（Dayton）會面，設法解決衝突。[58]儘管如此，就算在這麼多人喪生，所有人回歸原位的可能性都顯著下降之後（塞爾維亞人才剛喪失在克羅埃西亞境內數百年之久的勢力），為時三週的談判卻仍多次瀕臨破裂，不得不仰賴美國首席談判代表理察・郝爾布魯克（Richard Holbrooke）竭盡全力奉承和勸誘，他是國際政治史上最有力、最專斷、最高效、最無節制、缺陷也最大的外交官之一。[59]

《岱頓協議》（*The Dayton Accords*）規定派駐相對小規模的北約維和部隊（地面部隊兩萬人），並將波士尼亞–赫塞哥維納一分為二：穆斯林／克羅埃西亞人的波士尼亞–赫塞哥維納聯邦，和塞爾維亞人的塞爾維亞共和國，並同時堅持波士尼亞–赫塞哥維納仍是一個主權國家（國際社會已承認其獨立）。和平承受住了考驗，但這兩個實體實際上各自獨立。遭受族群清洗的人口確實得以返鄉，但人數極其有限。例如塞爾維亞共和國的巴尼亞盧卡，一九九一年的人口比例是克羅埃西亞人占百分之十五、穆斯林占百分之十五、塞爾維亞人占百分之五十五；但二〇〇六年的數字，則分別是克羅埃西亞人占百分之四、穆斯林占百分之二、塞爾維亞人占百分之九十二。[60]由於社會持續分裂和大規模貪腐，波士尼亞－赫塞哥維納的失業率仍居高不下，經濟成長低落。

波士尼亞戰爭的短期遺緒，是使得西方（尤其美國）更不能容忍族群清洗。殘存的南斯拉夫仍然多樣，仍由多族群的科索沃、馬其頓、蒙特內哥羅和塞爾維亞構成，也仍由斯洛波丹・米洛塞維奇統治。科索沃的阿爾巴尼亞人依然叫嚷著要求改革和自治地位，一九九六年和一九九七年都舉行了和平示威。同時，在他們之間興起了一小群反抗軍，名為科索沃解放軍（Kosovo Liberation Army）。塞爾維亞軍派兵鎮壓反抗軍，但卻發現他們至少在兩次行動過後殺害了數十名婦女和兒童。美國國務卿馬德琳・歐布萊特（Madeleine Albright）宣告，美國不會容許進一步的族群清洗行徑。歐布萊特本人是捷克裔，她決心不讓波士尼亞戰爭或慕尼黑會議重演。[61]有鑑於米洛塞維奇政權煽動族群清洗的前科，她的憂慮看來有理。

一九九八年末，理察・郝爾布魯克和米洛塞維奇簽訂協議，准許派遣監察員前往科索沃。翌年年初再次發生屠殺之後，西方國家加上俄國組成的「聯絡小組」，在法國朗布耶（Rambouillet）召集科索沃人和塞爾維亞政府的代表協商。結果是承諾科索沃人財政和文化自主，同時科索沃仍是塞爾維亞一部分。科索沃人極不情願地同意，因為他們要的是完全獨立。但塞爾維亞人卻拒絕。一九九九年三月二十四日，北約開始轟炸塞爾維亞，引發塞爾維亞軍隊在科索沃發動全面族群清洗。據估計有一萬名科索沃人喪生，約有四十萬人逃亡。而在塞爾維亞本土，可能有一千名平民死於空襲。四月二十三日，北約發射的飛彈命中塞爾維亞廣播電視台總部，造成十六名員工喪生。理察・郝爾布魯克聽到消息時很開心，他說電視是塞爾維亞獨裁者權力的「三大關鍵支柱」之一。[62]

米洛塞維奇看來在重施故技，既反抗西方又試圖羞辱強權，或許是效法希特勒在慕尼黑會議的勝利，他指望意志薄弱的西方盟國四分五裂。但在六月三日，米洛塞維奇認知到北約決心長期作戰，俄國也不會支持他，他於是退讓，同意了國際和平方案。南斯拉夫軍會撤離科索沃，由北約率領的多國部隊（但其中也包含非北約會員國的分遣隊，例如烏克蘭部隊）接管。

米洛塞維奇又過度施展了力量，但這是最後一次。二〇〇〇年九月，他在塞爾維亞輸掉選戰卻拒不下台，於是被學生團體「抵抗」（Otpor）率領的街頭示威趕下台。「抵抗」約有三萬到四萬名運動者，在塞爾維亞全境組成一百二十個支部。他們為了積極抗爭而受苦。二〇〇〇年五月到九月間，警方逮捕了一千名左右的青少年，有些人才剛滿十三歲。但鎮壓只是政權垂死前的掙扎而已。米洛塞維奇統治的一敗塗地已經不言可喻。塞爾維亞的經濟規模縮減到只剩十年前的四成左右，這種成績在後共產世界中，唯有喬治亞和摩爾多瓦差可比擬。[63] 由於米洛塞維奇引發的戰爭，塞爾維亞人在克羅埃西亞數百年的勢力被一掃而空、喪失了科索沃，蒙特內哥羅人也吵著要脫離南斯拉夫。[64] 塞爾維亞成了被歐洲切割的被排斥國家，但未來仍有希望。就在前一年（一九九九年），克羅埃西亞民族主義強人圖季曼逝世於札格雷布。兩國此時都看見了歐洲整合的道路已然敞開。

而在北方，「重返歐洲」的追求是這十年來前蘇聯集團國家的主要故事，但這份追求也將前南斯拉夫共和國斯洛維尼亞包含在內，因為斯洛維尼亞逐漸被看作是轉型的典範，實現了法治、低預算赤字和低通貨膨脹。但在一九九一年引發南斯拉夫解體夢魘的，卻正是斯洛維尼亞政治菁英回應大眾強烈情緒的決定。斯洛維尼亞巧妙地從一個聯邦的保護傘換到另一個聯邦的保護傘之下。

chapter 27

東歐加入歐洲

民主化與震盪療法

假如說後共產時代南斯拉夫的故事是暴烈的解體，那麼中東歐其他地方的故事則以和平整合居多。一九八九年以來，前蘇聯集團國家紛紛在政治、文化、經濟和軍事上加入了西歐和北大西洋機制，並轉型為多元政體。這兩個過程在區域史上都是首開先例。儘管「轉型」一詞意指邁向新天地的不回頭之旅，但匈牙利近年的例子則說明了難以不走回頭路。二〇〇四年匈牙利加入歐盟時，眾多論者都宣告該國完全轉型為民主。但二〇一〇年起，前學生運動領袖維克多・奧班（Viktor Orbán）

領導下的民選右翼政權，持續鞏固著他所謂的「永久性」權力，實際上使得反對勢力乃至民主政治都無以為繼。

但同樣不明確的，正是邁向民主多元主義的轉型始自何時。民主轉型過程始於自由選舉的說法是誤導。克羅埃西亞一九九一年就舉行了自由選舉，但該國仍歷經多年才真正實現民主。一九九〇年代晚期，保加利亞和羅馬尼亞都發生了邁向自由市場經濟的轉型，但改革的重要前提卻是早先舉行的半自由選舉。邁向法治的轉型始於一九八〇年代中期，共產黨改革派統治下的波蘭和匈牙利為（當時預期要發生的）更多元政治，起草了重要的預備立法；而社會主義晚期波蘭和匈牙利的灰色市場活動，更成為邁向自由市場實踐的轉型其中一條支線，促成了企業家的原型階級的出現。偷偷從西歐或亞洲進口電腦的人們，此時公開建立公司，並且擴大交易量。異議記者從地下印刷媒體現身，開始發行充斥著彩色廣告的時髦現代報刊。社會主義大學數十年來培養出大量律師，而就業機會僅限於市政機關的低薪工作。但一九八九年以後，這些基層幹部開始賺錢，因為需要成千上萬的他們處理市場經濟所需的法律文書。他們和都市成長產業中其他年輕人，進而創造出轎車、住房和電力等需求，刺激其他二級產業和服務業。

右翼民粹主義興起之前，政治學者討論的是東歐的兩波民主化，第一波涵蓋了一九八九年及之後由本土反對勢力掌權的地方；第二波則是由本土共產黨人設法保持權力，將民主化推遲到一九九〇年晚期的地方。第一波包括波蘭、捷克共和國、斯洛維尼亞和匈牙利；第二波則有斯洛伐克、羅馬尼亞、保加利亞、克羅埃西亞和塞爾維亞，後者所涵蓋的國家是「混合」政體，具有民主的某些特徵，卻不符合自由標準。[1]「第二波」的特徵在於威權和非自由統治者垮台：一九九八年斯洛伐克的弗拉基米爾．梅恰爾（Vladimir Mečiar）；一九九六年和二〇〇四年羅馬尼亞的揚．伊列斯古；一九九七年保加利亞的然．維德諾夫（Zhan Videnov）；一九九九年克羅埃西亞的弗拉尼奧．圖季曼；以及二〇〇〇年塞爾維亞的斯洛波丹．米洛塞維奇。[2]前後這兩波轉型都見證了政治越趨多元，而後匯聚於民主、市場和歐洲整合。[3]

為了說明這兩個區域的差異，有些人指向了其基礎「文明」。距離歷史上的西方更近的土地，即昔日哈布斯堡帝國核心區域，往往更快順應於民主的各種標誌。但這種概括的想法卻很難與特定案例產生關聯。民族主義在「鄂圖曼」塞爾維亞和「哈布斯堡」克羅埃西亞可以同等惡毒。或許捷克人和波蘭人共同擁有某些更深層的西方「文明」，但那很難解釋一九八九年和一九九〇年混亂的政治鬥爭中發生的事，或是資產掏空、對吉普賽人施暴等後續發展。[4]更準確的思路是設想更深層的傳統（例如多元化的經濟）和其他結構性因素，確立了多多少少適宜於民主的形勢。某些歷史資產是古老的，例如分權觀念可以追溯到西方基督宗教遺緒和權力分立傳統。某些歷史資產據說原生於這個區域，例如匈牙利或波蘭仕紳權利的自治傳統，在兩國社會的政治文化中都有跡可循。

波蘭和匈牙利晚近轉型為非自由主義，說明了這些跡象並非不可抹滅，這些遺產是資源而非國家命運。在這兩個例子裡，奧班或波蘭的雅洛斯瓦夫・卡欽斯基（Jarosław Kaczyński）等威權統治者，都無視原生的多元主義、法治和分權等傳統，反倒迅速暗自回溯到一八八二年林茲綱領（Linz Program）。現今的非自由政治人物

（尤其在匈牙利）近似於當時的新右翼，自稱為一個族群代言，而他們把這個族群塑造成被自由派菁英（有些在布達佩斯和華沙、有些在布魯塞爾）忽視的一群人，其實不無道理。

直到二〇一〇年前後為止，在轉向極右翼之前的日子裡，論者將匈牙利、波蘭和捷克地域族群的相對同質性，譽為有助於民主鞏固。看來唯有在民族成員和國家邊界的問題解決之後，民主才能成為可行選項。[5] 但我們如今看到，即使在多半單一族群的社會中，捷克總統米洛什．齊曼（Miloš Zeman）這樣肆無忌憚的政治人物，都能針對子虛烏有的外來威脅煽動人民情緒。齊曼把來自中東的難民塑造成嚴重威脅，危及捷克族群對波希米亞的掌控，即使截至二〇一八年末為止，他的國家收容的中東難民總數只有十二人。

但回顧一九九〇年代晚期，齊曼仍是相對溫和的社會民主黨人之時，讓他的國家、波蘭和匈牙利等第一波「勝利者」脫穎而出的因素，看來是反對勢力能夠掌權，從而擺脫共產主義時代。[6] 反對勢力的大小無關緊要。捷克的反對力量很小，但其規模仍足以提供領導新政治運動和接管國家行政部門所需的幹部。東德則有西德政治人物進駐，基本上迅速掌控了既有機制（經由選舉而取得正當性），並轉成近似西德的機制。德意志民主共和國各邦隨後在一九九〇年十月採行西德憲法，藉此「加入」德意志聯邦共和國。而在波蘭和匈牙利，相對浩大的公民社會運動，不久即分裂為不同政黨。波蘭大眾一度對於「上層戰爭」目瞪口呆，米奇尼克等知識分子與華勒沙等更傳統的人物彼此敵對。事後回顧，政治光譜如此破碎似乎很正常。

憲法改革是開啟民主轉型的一項基本標準，因為改革終結了共產黨的特權。但與德國的事態相反，這個過程在區域內的其他國家，涉及的是修改既有的法律安排，而非採行新憲法。例如匈牙利就改革了史達林主義時期憲法的部分內容，並未起草新憲法。[7] 波蘭直到一九九七年才採行新憲法，在此之前，立法者僅對一九五二年的史達林主義憲法進行更新，例如宣告國體為「共和國」而非「人民共和國」、說明權力來自人民而不只是工人階級、並建立私有財產權保障（而非財產由社會公有）。[8]

在「政治化」和分歧較少的條件下修改憲法的好處，便是利用了一九八九年過後不久，社會對於民主轉型的廣泛認可。但往後數十年間，就連最好的安排都無法保護國家憲法不被威權和反民主勢力搬弄，目前匈牙利的困境正在於此。[9]波蘭也是，超越後共產時代據說有缺陷的第三共和國，重新建立具有道德的第四共和國是否有必要？一直都是政界右翼討論的話題。[10]卡欽斯基的法律與正義黨（PiS）抱怨，一九九七年憲法帶來的既不是「波蘭人民的天主教國家」，也不是「強有力的秩序狀態」。二〇〇五年至二〇〇七年該黨執政期間，提出了新憲法，主張在族群意義上進行「民族建構」，並以民粹精神承諾「國家存在的理由在於公民的共同福祉」。但修憲計畫失敗了，因為在眾議院無法獲得三分之二同意票。[11]

然而，要是轉型的第二個至關重要面向，也就是轉型成基於法治的市場經濟未能達成，也就不會有政局穩定的波蘭第三共和國可供批判了。雖然一九九〇年代初期的經濟轉變帶來了短期震盪，但在民主統治尚屬草創、新政權統治相對不受反對黨挑戰的時期，這種轉變更易於實施。事實證明，發展不善的民主反而是大幸，因為更「負責任」的政府可以把改革進行到底，無需擔心會被趕下台。[12] 撙節措施在一九九〇年代到處都不受歡迎，但並未發生有組織的抵抗。比方說，百分之六十六左右的匈牙利人被一九九五年通過的撙節政策激怒，但除了幾次學生示威之外，反抗並未發生。[13]

波蘭、匈牙利、捷克斯洛伐克等先行者以略有不同的形態、不同的速度（波蘭最快）以及不同的時機（波蘭最早，匈牙利和捷克斯洛伐克較晚），轉型成市場經濟。作為創造市場過程的一環，國家從詳加管控和規畫抽手，不再補貼經濟，並且試圖將國營產業出售給私營投資人。這三國都為了穩定貨幣體系，而將貨幣與一種西方貨幣掛鉤，並為了保護貨幣免於貨幣投機買賣而辦理高額貸款。這三國的轉型都導致經濟產出和人均國內生產毛額下降，部分原因在於缺乏競爭力的企業關門。接著，經濟大約從一九九三年起復甦。這三國的新政府團隊多半都出身反對運動，並參與不同種類的非共產主義化。

波蘭的轉型比匈牙利或捷克斯洛伐克更激烈也更惱人，因此被稱為「震盪療法」：幾乎不提供調適期，國家突然撤銷補貼或拒絕保證價格。政府反倒允許商品和服務經由浮動價格找出它們的「真正價值」。隨著失業率上升、產量下降，物價飆漲到刷新上限，每次都令人難以想像。波蘭人不分年齡，包含幼兒在內，在這個智慧型手機問世前的時代，全都變得精於動腦加乘可供出售的商品價值，物價很快就達到兩百倍之多。一九九〇年三月的物價上漲了百分之一千三百九十五（以每年為基期），創下二十世紀波蘭史上最大漲幅。隨著需求看似不受控制，人們唯恐通貨膨脹加劇而盡其所能購買。一九八八年至一九九〇年，一條麵包的價錢從四十六茲羅提漲到兩千茲羅提；一公斤牛肉則從五百六十茲羅提漲到一萬九千三百四十一茲羅提；一雙襪子從六百二十六茲羅提漲到四千八百三十七茲羅提；一輛波蘭飛雅特汽車從一百一十萬茲羅提漲到兩千零五十萬茲羅提。與共產時代的產品流動狀況相反，貨架不斷地補滿並且添加更多。但消費者卻發現很難買到新產品。按照一九八八年的平均月薪，人們可以購買一千一百八十五條麵包，或一千四百七十五公升汽油；兩年後，購買總量減為三百四十一條麵包或五百六十五公升汽油。[14]正如這些數字所示，薪資上漲了，但漲幅不像物價那樣誇張；政府也增加了退休金支付額，但增加幅度也不如物價。

波蘭的生產量在一九九〇年下跌百分之二十四，因為在市場壓力下無以為繼的公司紛紛歇業。但波蘭經濟自一九九二年起止跌回升，且至今成長不止。通貨膨脹率穩定下降，從一九九〇年的百分之五百五十三，降到一九九七年的百分之十五，這個數字仍相對較高，但對於持續成長的經濟而言不至於過高。失業率在一九九三年達到百分之十六點四，一九九七年減為百分之十。[15]到了二〇〇五年，從通貨膨脹率限度、政府預算赤字、長期利率以及匯率穩定度衡量，波蘭都已經達到歐洲經濟暨貨幣聯盟（ＥＭＵ）正式會員國的基本標準。[16]

但起初，天主教異議人士和作家塔德烏什．馬佐維斯基在一九八九年夏天掌權之時，這樣的成功仍屬難以想像。波蘭經濟不景氣的歷史悠久，經年累月的危機似乎看不到盡頭，令人擔憂的新問題隨之浮現。國家要撤退到多遠？文化是「市場機制」的一部分嗎？國家再也不支持書籍出版，以及劇場和交響樂團的營運了嗎？

革命者並未預料到能夠掌權，因此也沒有立即的答案。他們轉而求助於「專家」。既然社會主義失敗，僅剩的「意識形態」似乎就是一種嚴謹的自由主義形式，如今稱為「新自由主義」，除了市場決定價格的基本概念之外，幾乎撒手不管。但市場應當被管控多少？沒人知道。此時成為波蘭第一大報《選舉報》（*Gazeta Wyborcza*）總編輯的亞當・米奇尼克寫道，大眾對於經濟政策理解甚少，最好的政策是全速前進，好讓改革無法逆轉。[17]先前不為人知的經濟學者突然躍居要職。在波蘭，華沙規畫與統計主要學校（Main School of Planning）教授，也是前共產黨員萊謝克・巴塞羅維奇（Leszek Balcerowicz），此時成為財政部長，他讓轉型之痛看來像是治療社會主義之惡的必要解方。[18]儘管經濟脈動衰弱到了看似危及性命的程度，他仍不為所動，轉型繼續進行。

一九九一年，先前鮮為人知的計量經濟學者瓦茨拉夫・克勞斯（Václav Klaus）當選捷克共和國總理。他自信不羈，公開景仰柴契爾夫人，對管控之說嗤之以鼻，在新自由主義理論轉化為具體的政治行動中做得最徹底（不僅如此，更將新自由主義轉化為生活方式）。

儘管用了「震盪」、「轉型」甚至「革命」這樣的詞，外界的論者看來不同凡響之處，卻在於波蘭人、捷克人或匈牙利人幾乎不覺得這些變化不尋常。作家伊娃·霍夫曼（Eva Hoffman）一九九一年五月造訪波蘭，想知道人們是如何推翻所有制度安排，拆解一套他們曾經憎恨卻飽受制約數十年之久的世界觀。但她卻發現人們繼續生活和工作而不加深思。她在與《選舉報》員工共進晚餐後寫道：「我老是驚詫於這個國家裡欠缺意外，驚詫於人們對如此巨大的潮流轉向是何等處之泰然，彷彿這是世上最自然的事，而不是最驚人的事。」[19]她把波蘭人「克己的清醒」歸因於缺乏替代選項。前一個由短缺邏輯*和私人關係支配的「荒謬」現實中，人們易貨

*編註：logic of scarcity在此意旨當物資不足時，人們做決定和分配資源的思維模式，例如如何處理急迫的需求，或者是如何把短缺的資源效益極大化。

換取衛生紙和棉布等必需品，顯得新的現實「正常」。

當選民投票支持其他政黨，缺乏替代選項這點變得最為明顯。一九九三年和一九九四年，波蘭和匈牙利選民把新自由主義撙節的門徒趕下台，以此時再造為社會民主黨的前共產黨黨員取而代之。匈牙利的社會主義者在國會獲得了絕對多數席次。[20]而在波蘭，成為社會主義左派的前共產黨人（名為民主左翼聯盟〔SLD〕）則與過去的農民黨結盟，因此可能更有利於在轉型經濟中蒙受最沉重打擊的社會群體：過時的大工廠中勞動的工人，以及小片土地上產能不足的農民。

但新的左派政府卻並未回歸過去，而是對轉型過程略作調整——這與自由派反對者煽動的恐懼大相逕庭。在波蘭，瓦爾德馬．帕夫拉克（Waldemar Pawlak）的政府僅僅稍微放慢了私有化的速度。帕夫拉克曾參與了一九八一年學生罷課，獲得工程學學位之後，在一九八〇年代自行經營農場，他代表著波蘭復甦的小農運動，而小農運動與更強大的民主左翼聯盟結盟。他表現出一種新作風，向大眾傳達轉型的社會成本，並試圖經由勞資夥伴關係爭取支持。[21]比方說，此時人們對於工人能否、又如何在私有化公司中獲得股份更為關注。[22]但這個趨勢依然延續。前財政部長雅努什・萊萬多夫斯基（Janusz Lewandowski）是自由派人士，稱讚民主左翼聯盟的財政部長「維持穩定貨幣、捍衛私有財產與契約，並追求負責任的總體經濟政策」。[23]萊萬多夫斯基感到自己與這些後共產「資本主義者」更為親近，反倒與非共產的民粹主義者，例如團結工聯內「重工業工人階級和狹小農場地主的捍衛者」漸行漸遠。[24]

「後共產主義者」重新掌權在當時看來似乎令人震驚，當共產政權在一九八九年顏面掃地，背負數十年罪惡和錯誤政策的責任且正當性盡失而垮台之時，誰也預料不到這種發展。他們在一九八九年輸掉了所有開放競選的國會席次，而後捲土重來，獲得百分之二十點四一的選票，並在一九九三年組成了波蘭第一個穩定聯合政府，接著又在二〇〇一年獲得百分之四十一點零四並單獨執政，二度組成穩定政府。

但事後回顧，他們的再起事出有因。一方面，舊共產黨內部有著經驗豐富的改革派。波蘭民主左翼聯盟領袖亞歷山大・克瓦斯涅夫斯基（Alexander Kwaśniewski）或匈牙利總理久洛・霍恩（Gyula Horn），都體現了共產黨改革派邁向多元主義的轉型，他們在一九八九年以前都認真考慮過法律和經濟體系的必要變革。這些國家「平順」轉型為自由民主政體的祕訣，部分在於轉型早已在這些國家的共產黨內發生了數年（這與羅馬尼亞和保加利亞恰好相反，這兩國不但黨外缺乏強大反對派，黨內也沒有強大改革派）。

另一方面，這些後共產主義者填補了左翼政治的空缺，吸引了貧民和弱勢者支持，表面上也代表他們。帕夫拉克的農民黨也是「後共產主義」組織，幹部從舊政權承襲而來，而該黨四十多年來贊成共產黨人的所有要求。自從一九九一年重組以來，波蘭後共產時代的民主左翼聯盟就專注於選民的擔憂，並承諾持續改革，但能力更勝於後團結工聯陣營（一九八九年至一九九三年間，先後組成了五個不同政府）。波蘭選民持續將民主左翼聯盟評為波蘭最專業、最能幹的政黨。[25]

儘管如此，不論是左派、中間或右派政府，全都對轉型的社會成本十分敏感。

這些代價都很高昂，尤以失業為甚。儘管全國的前景有所好轉，國內生產毛額也增長了，高失業率區域卻仍頑固存在著，尤其是在過去依賴單一產業的小城鎮。例如拉多姆、奧爾什丁（Olsztyn）、科沙林（Koszalin）的失業率為全國平均值的兩倍，青年和女性受害最重。政府因此提供失業補助，並持續營運「就業辦公室」（*urzędy pracy*），協助工人求職和接受職業訓練。這些辦公室也對膝下有子女但所得卻低於一定程度的家庭提供援助，並確保最低限度的生存保障。[26]因此，「新自由主義」即使嚴酷，卻沒有摧毀社會福利，某些情況下還增進了社會福利，因為轉型的指導概念是重組而非解體。

但結果仍與理想相去甚遠。波蘭的健保體系前身源自於表現差勁的共產時代，此時仍持續貪腐猖獗，醫師和護士往往連做最基本照護等本分工作，都期待得到額外的報酬，卻又為那些能夠「在私人市場」付款的患者提供大為改善的服務。部分問題在於醫療保健工作者長期低薪，包括門診部醫師在內，他們在一九九〇年代的報酬比理髮師還少（一如共產時代）。[27]

要說有什麼不同的話，匈牙利的社會主義者對撙節政策的推動，更甚於前任自由派政府。儘管他們自述為貧民的擁護者，前共產黨人久洛・霍恩（他在一九八九年九月開放了匈牙利邊界）組成的政府，卻在一九九五年刪除幼兒托育、引進學費、貶值貨幣（幅度達百分之九），並限制公務員基於物價漲幅來調整薪酬。[28]但也一如波蘭，起初的生產力下降（以及受薪階級和退休人員的真實所得在撙節第一年損失百分之十）過後，經濟開始穩定成長。[29]財政部長拉約什・博克羅斯（Lajos Bokros）負責主導改革政策，他是米爾頓・傅利曼（Milton Friedman）新自由主義正統「芝加哥學派」的信徒。每年百分之三十的通貨膨脹率、國際收支逆差四十億美元，以及外債三百億美元等等經濟現實，迫使他採取行動。一九九五年時，政府仍掌控了七成經濟。藉由撙節措施和加速私有化，政府期望吸引投資，讓產業更具競爭力。[30]霍恩和匈牙利政府受到國際貨幣基金組織逼迫，要求「符合西方標準和要求」。因此，這個後共產主義政府將行動綱領定為「終結卡達爾主義」，不受歡迎但本身有益於經濟，並且一如波蘭，是嚴酷卻必要的解方。[31]

保加利亞和羅馬尼亞的情況則不同，這兩國的共產黨人都以稍加改頭換面的後繼組織保持權力，分別稱為保加利亞社會黨和（羅馬尼亞）救國陣線。兩者都在一九九〇年贏得自由選舉，容許舊機制存續。這兩國正規程序的民主化都被延遲了，領導人補助缺乏競爭力的企業，使得改革之痛拖延更久。當這種策略使得國家預算不堪負荷，統治者就以「收購管理層」的方式，將公司私有化，通常直接或經由拍賣將所有權給予管理人。由於內線交易及其他腐敗形式，拍賣所得的利潤不如預期。一如其他後社會主義國家，公司的新業主往往運用其地位倒賣資產。到了一九九〇年代晚期，兩國都苦於嚴重通貨膨脹。一九九七年，羅馬尼亞被迫將貨幣貶值百分之一百五十，保加利亞則經歷惡性通貨膨脹（貨幣貶值超過百分之一千）。[32] 事實證明，拖延私有化、市場化和貨幣穩定比震盪療法更糟糕。

這讓政治左翼處境艱困。要是左派有任何始終一貫之處，那就是反對「新自由主義」，但不論當時還是如今，都沒人能找出基本上不同於現行自由主義且可行的替代方案。數十年後，社會主義和後社會主義的首席經濟學者亞諾什・科奈仍拒絕提供「解決方案」。歷史學者伊凡．拜倫德（Ivan T. Berend）斷言，轉型並不需要進行得如此迅速。比方說，不需要如此劇烈地貶值貨幣。貿易自由化本來可以進行得更緩慢些，好讓國內產業有更多時間順應新形勢。[33]但在拜倫德看來，基本概念是要在資本主義經濟中實現總體經濟穩定，他同意某些震盪是需要的，包括改革的重要層面：穩定、私有化和市場化。

正如前文所見，「新自由主義」從不純粹。要是後共產主義者推動私有化，新自由主義者也能加以延遲——西歐的情況便是這樣（就連柴契爾夫人統治的英國也是），但巴塞羅維奇的波蘭，以及自由派瓦茨拉夫．克勞斯統治下的捷克同樣如此。克勞斯和波蘭的領袖延遲了某些國營事業的轉賣，以減緩成千上萬工人失業之痛。波蘭的右派和左派政府全都試圖搶救職缺危在旦夕的大型產業。重點在於讓公司為私有化做準備，而非突然任由它們承受市場競爭的狂風。一九九六年八月，大名鼎鼎的格但斯克造船廠宣告破產，但在國家支持下仍持續營運（即使問題依然存在），勞動力則從兩萬人左右減為兩千人。而在捷克，瓦茨拉夫．克勞斯則運用國家銀行支持重工業以保障職缺，而他的五年總理任內（一九九三年至一九九八年）年年產生大筆赤字，鉅額補助能源、交通和房租。這一策略在一九九六年失效，公司再也無力支付貸款。克勞斯翌年因醜聞纏身而去職。[34]

進一步沖淡新自由主義純粹性的一股強大力量，則是持續且普遍存在的公然貪腐，形式千變萬化。普遍問題是新業主不敵誘惑，決定倒賣工廠而非投資，再將資產轉移到西方國家的銀行戶頭。一九九七年瓦茨拉夫・克勞斯下台時，一向讚賞其精神的《經濟學人》，抨擊「腐敗猖獗和商業缺乏公開透明，玷汙了克勞斯先生執政的最後幾年，外國投資因而萎縮」。具體問題則是克勞斯的政界盟友們操弄私有化過程以圖利親友。一九九七年九月的官方報告，指出光是在一九九六年，就有一千四百二十個私有化公司的資產被新業主「掏空」到國外，而在一九九七年上半年則有八百九十二例。[35]克勞斯拒絕成立監管機構（此處的問題是投資基金監管不善），主張市場能夠自我監控。[36]《紐約時報》寫道：「結果，詐騙和內線交易震撼了布拉格證券交易所，銀行則積累了龐大的不良貸款組合。」外資從一度廣受歡迎的捷克共和國轉移到了波蘭和匈牙利。[37]

堅定不移的新自由主義也與基本經濟學相觸，因為高額社會福利開支與經濟成長呈正相關。儘管波蘭和匈牙利自一九八九年以來花在無業者和退休人員身上的金額，多過東南歐或前蘇聯國家，兩國經濟成長率卻都高得多；而斯洛伐克這個自一九九八年起實施百分之十九單一稅而聞名的國家，即便在二〇〇六年換成更溫和的社會民主黨人執政後，經濟依然持續成長。[38]

民族主義

民族主義在這段革命轉型時期看似沉寂得不尋常。但在前蘇聯集團國家中有一個例外，那就是捷克斯洛伐克。捷克斯洛伐克以前是南斯拉夫的雙胞胎，都是遠在一八四〇年代知識分子冥想而生的產物。一九九〇年代初期，捷克斯洛伐克共和國也受到分離主義的壓力，最終在一九九三年一月一日分裂為兩個共和國。一如南斯拉夫的情況，這次分裂同樣違背了該國絕大多數公民的意願；也正如南斯拉夫，新興政黨反對舉行全國公投決定聯邦的未來，因為它們知道公投會削減自身權力。

但捷克斯洛伐克也一如南斯拉夫，分裂的可能性直接源於共產政權創造的國家結構。一九七四年，南斯拉夫實質上成為八大行政單位組成的聯邦；而早在六年前的一九六八年秋天，捷克斯洛伐克就曾分裂為捷克和斯洛伐克兩個共和國。這是布拉格之春存續下來的一項「改革」。在捷克斯洛伐克共和國內，捷克民族和斯洛伐克民族得以在兩個共和國的自願聯盟中各自行使自決權，而兩院制的聯邦國會將是國家最高權力機構——至少改革使用的措辭與目的是如此。但在一九六九年一月生效時，真正的自治在當時卻辦不到。一九八九年，共產黨不再獨占治理權，捷克人和斯洛伐克人立法者試圖在共產時代憲法的限制下創造出民主新生活。[39]

按照協議條文，共同聯邦國會的安排是修憲、宣戰或總統選舉等重大立法，需要五分之三多數同意。這就意味著參議院或眾議院的少數議員有能力阻止修憲。[40]一九九〇年夏天，新當選的總統瓦茨拉夫·哈維爾決定以修憲為第一優先，而他無意間跨出了聯邦解體過程的第一步：捷克人政治菁英和他一樣把修憲放首要；但斯洛伐克人則確信，斯洛伐克和捷克兩個共和國首先必須締結國家條約，確保雙方地位平等。哈維爾在一九九二年初試圖經由修憲（包括反多數決原則）突破僵局，卻被斯洛伐克少數議員阻止。

在六月的選舉中獲勝掌權的，是斯洛伐克和捷克兩地那些不排除共有國家的憲法改革，但對修憲形式看法卻大不相同的領導人。斯洛伐克領袖弗拉基米爾・梅恰爾想要一個鬆散的經濟與防衛聯盟，並減緩經濟改革以緩解陣痛。拳擊手出身的他，是個故作親民姿態的民粹主義者，此時已展現出偏好威權主義和實施非自由政治的最初跡象。捷克的領導人瓦茨拉夫・克勞斯，則力主迅速私有化和強大的市場經濟。這兩人所屬的政黨都不支持共有國家的改革，因為在捷克斯洛伐克舞台上的運作，將不得不作出削弱彼此的妥協。因此，他們開啟了聯邦解體談判，導致國家在一九九三年一月一日分裂。過程很平和（被稱為天鵝絨分離〔velvet divorce〕），因為雙方對於領土或人口都沒有爭議。

過程是民主的嗎？答案正反互見。一方面，一九九一年末的民意調查顯示，壓倒性多數的捷克人和斯洛伐克人渴望維持單一國家。（聯邦立法機構始終未能通過實施此一議題的公投。）但另一方面，統一的意義卻要交由他們選出的代表決定。而在一九九二年六月的選舉中，捷克人和斯洛伐克人都選出了人盡皆知對統一意見分歧的代表。聯邦國會因此失能，到頭來，立法者們唯一取得共識的便是解除關係。

儘管「民族主義」渴望與利益無疑是真實而強大的，卻從來不以純粹而不經媒介的方式表現（南斯拉夫的情況也是如此）。雙方都不直接表明脫離聯邦的意向，而是在各自的半個國家內部發表「主權」相關的含糊言論，並將另一方描述為意圖分裂的民族主義黨派。例如瓦茨拉夫．克勞斯就指涉斯洛伐克人渴望分裂聯邦，藉以粉飾自己的脫離意圖。他把即將到來的分割說成是滿足斯洛伐克人長期以來的獨立欲望，同時暗示自己的經濟方案將能為捷克人帶來成功，比方說，經由新國家的平衡預算。[41]如果是一群不同檯面上的菁英，或是共產時代遺留下不同的制度（例如單一制國家）都有可能帶來不同結果。

一如整個區域的普遍情況，強烈關懷民族議題的極端主義小團體運用強烈且滿載情緒的說法表達論點，並從一般而言可能被大多數人接受的論點中，得出最激烈的結論。大多數斯洛伐克人或許還想繼續和捷克人統一，但許多頂尖知識分子（其中某些人與戰時的斯洛伐克國家有關聯，如同克羅埃西亞的情況）參與的一個組織完善少數派卻強占了公共空間，利用族群民族主義最戲劇化的說法，呼喊著「不要捷克殖民主義！」之類的口號。這些知識分子自稱代表斯洛伐克社會，斯洛伐克社會也從未出現有組織的回應來挑戰他們，而理由正是因為大多數人對民族的觀點不是溫和就是「不感興趣」。誰能否認斯洛伐克人與捷克人的關係看來就像殖民關係？由於斯洛伐克產業多元化的程度較低，它在後共產時期之初的轉型更困難許多，失業率比捷克地域高出數倍。就連不想要分裂的斯洛伐克人，都相信捷克人把發展程度較低的斯洛伐克當成了廉價勞力的貯藏庫。[42]

但在捷克斯洛伐克和南斯拉夫之外，民族主義卻似乎喪失了分裂力量。原因並不在於缺乏契機。長久以來都存在著利用收復失土主張的可能性，例如波蘭人對烏克蘭人。一九三九年納粹和蘇聯簽訂互不侵犯條約之前，西烏克蘭曾是波蘭領土，但在幾代負責任的波蘭知識分子努力下（最重要的是流亡者在巴黎創辦的《文化》〔*Kultura*〕月刊），與其他民族合作可以精進波蘭人的利益成為了主導性的看法。[43] 波蘭政治菁英在得以暢所欲言時採納了《文化》的思路，但並沒有在論述真空時這麼做。一九八九年後有一件事，比起領土落入烏克蘭或立陶宛之手更讓波蘭人感興趣，那就是歐洲。「歐洲」對民族問題變了戲法：民族主義者頭一次支持將民族溶解於更大的諸民族統合之中。

就在國家社會主義瓦解後，誰也不能確知「歐洲」究竟是什麼，但它看來是個繁榮、色彩鮮豔、多元、和平又有序的地方，有著新的自由卻又有安全。即使他們（東歐人）有限的認識，也包括了借用諾爾．寇威爾（Noel Coward）在另一場戰爭結束時說過的話，族群清洗或奪回失土，在歐洲「就是不能做」的事。[44] 索取利維夫（Lviv，今烏克蘭）或維爾諾（Wilno，今立陶宛維爾紐斯〔Vilnius〕）的波蘭人，都暴露了反歐洲的一面。同時，歐洲（歐盟）似乎也有興趣與波蘭人和消失的鐵幕彼端其他人民統合。從舊政權垮台後不久開始，歐盟及其次級組織就努力推廣自由民主和自由市場資本主義。[45]

前共產國家究竟會在何時回歸歐洲，在一九九〇年代初期仍不明朗。既沒有加入歐盟的時間表，也沒有既定準則。表明願望還不夠。羅馬尼亞政治建制派自稱想要加入歐盟，但他們的政治慣習（挑動族群至上主義、動員礦工進城毆打抗爭者、貪腐橫行，以及可疑的國會選舉和總統選舉）使得布魯塞爾的觀察員躊躇，因此確保了羅馬尼亞被排除在歐盟與有意提升關係的中歐和東歐國家第一輪協商之外。[46]

一九九三年，歐盟舉行哥本哈根高峰會，揭櫫新會員國加入的基本準則：（1）穩定的制度以確保民主、法治、人權，以及尊重並保障少數群體；（2）市場經濟有效運作，並且有能力應對來自歐盟內部競爭的壓力和對手；（3）有能力履行會員國義務，包括堅守歐盟的政治、經濟及貨幣同盟目標。最後一項條件要求候選國接受一套極其具體和專門的歐盟法律規章。[47]遵守這些先決條件關係到諸多政治及社會經濟利益；不遵守則要付出代價。

成為歐盟會員國的直接受益，在一九九〇年代似乎比較節制。一九九〇年至一九九八年間，歐盟在東歐十國投資了八十九億歐元從事「經濟重建」（以行政及司法改革為最重要）。但隨著候選國接近於成為會員、加入歐盟，援助總額大幅增加，用來支持農業發展、道路及交通改善、職業訓練和商業貸款。波蘭、匈牙利、斯洛伐克、斯洛維尼亞和捷克共和國獲准加入後的頭三年（二〇〇四年至二〇〇六年），歐盟向這些新會員國進行一百五十五億歐元的結構性投資；二〇〇七年至二〇一三年，總額增加數倍（二〇〇七年，保加利亞和羅馬尼亞也加入）。到了二〇一二年，波蘭獲得了四百億歐元左右（差不多同一時期，外國直接投資總額約有五百億歐元）。[48]這些款項多半投入了迫切需要改善基礎設施的貧困地區。

這種援助的效果，不僅讓波蘭及其他候選國的人均國內生產毛額與西歐更接近，也減輕了東歐內部的差異，導致波蘭和匈牙利遠遠超前於烏克蘭和白羅斯。現代化並未加重波蘭或匈牙利國內的社會不平等，反倒制止了城鄉之間和社會階級之間的分化。（直到二〇〇五年為止，歐盟新會員國的吉尼係數持續攀升，但在它們正式加盟後兩到三年內，吉尼係數開始下降。）[49] 除了促成中東歐的成長，農業區域的發展也讓原有的歐盟國家受惠，如今它們可以在東方行銷更多產品。

⁂

一九九〇年代中葉，成為歐盟會員國的終極利益仍不為人知之時，保加利亞、斯洛伐克和塞爾維亞的領袖都試圖採行獨立或遠離「歐洲」的「民族」路線，這些例子全都以災難收場。一九八九年劇變之後，保加利亞首先由一連串弱小的聯合政府統治，但接著在一九九四年由然．維德諾夫領軍的（保加利亞社會黨）後共產主義者贏得壓倒性大勝，維德諾夫是位年輕的政治人物，由一批想成為大資本家，現在稱為獵戶座集團（Orion group）的前保加利亞國安局人馬所支持。[50] 維德諾夫自我塑造成私有化「失敗」的替代選擇，即使他其實從未認真嘗試過改革。[51] 維德諾

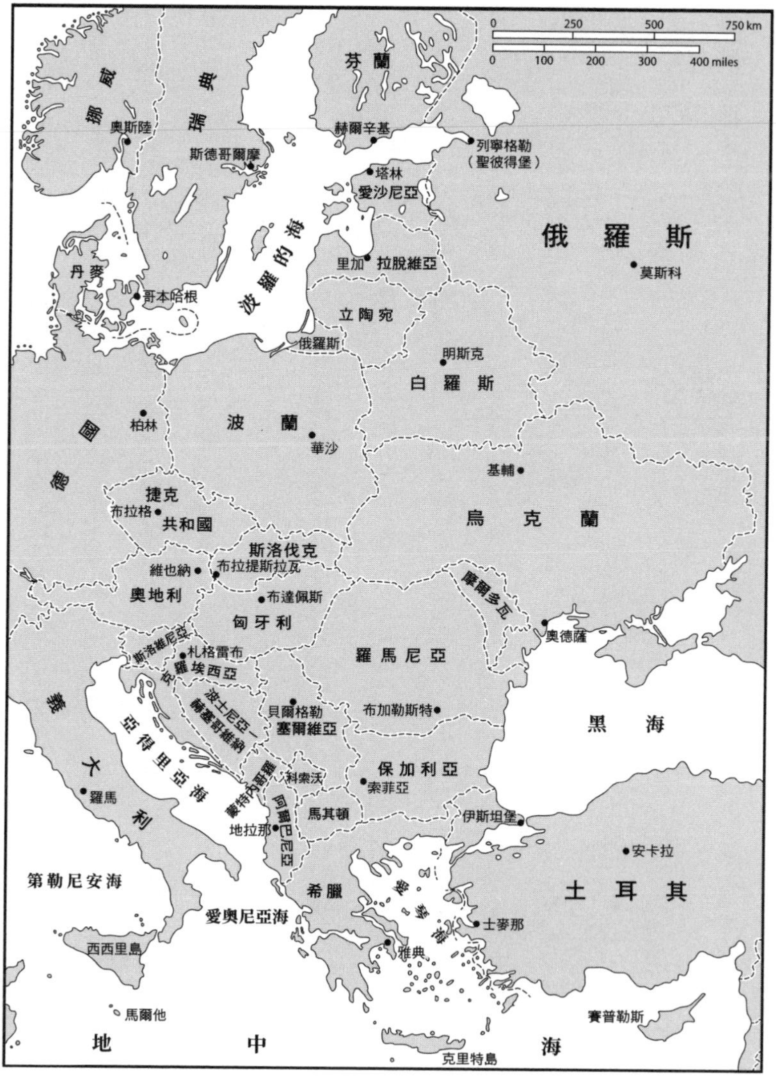

地圖 27.1 中東歐，一九九九年至今。

夫的統治獲得絕對多數支持，他承諾保障普通公民不受市場力量蹂躪，拒絕「資本主義」、「市場的自大」，以及國際金融及政治機構的「新殖民主義」。維德諾夫稱自己的道路為「符合社會實際的左翼現代化」和「保加利亞第三條道路」，將自己塑造成民族的捍衛者。他重新實施統制物價（一九九六年底，大約一半的消費品都受到某種形式的價格控制）、重新將農業集體化，並且拒絕邀請外國公司投資和收購保加利亞公司。他說，引進外資相當於浪費國家財富，令「外國勢力」得利。

維德諾夫的私有化方案本該向大眾發放產權憑證，但在方案實施之時，多數企業正處於極其嚴重的財務困境。即使缺乏競爭力，它們仍持續全力營運，一九九五年的虧損達到該國國民生產毛額百分之十五。一九九六年，人為支撐的匯率崩盤，進而加劇通貨膨脹。銀行體系的危機導致保加利亞全國三分之一銀行在該年五月破產，貨幣則在十一月崩盤。國民生產毛額下跌百分之九，自一九九六年一月至一九九七年一月，平均月薪幾乎減少十倍，從一百一十八美元降到十二美元。政府並不為國民服務。茨維塔・佩特羅娃（Tsveta Petrova）寫道，國家反倒受制於「陰暗的利益、急速惡化的腐敗，以及裙帶資本主義」。[52]

維德諾夫的表現解釋了保加利亞何以被排除在歐盟第一波新會員國之外。歐盟機構明確表示，腐敗和管理不善若不去除，通往「歐洲」之路就會持續封閉。這樣的訊息自然暗指保加利亞左翼。同時，德國的康拉德·艾德諾基金會（Konrad Adenauer Foundation）或法國的羅貝爾·舒曼基金會（Robert Schuman Foundation）等中間偏右的西方國家非政府組織，也協助反對派民主力量聯盟（一九八九年由不同黨派組成的多元同盟）演變為一個基督教民主黨派。西方專家為民主力量聯盟總統候選人、反共經濟學者佩特爾·斯托亞諾夫（Petar Stoyanov）陣營出謀畫策，協助建立核心支持者。德國社會民主黨的弗里德里希·艾伯特基金會（Friedrich Ebert Foundation）也向保加利亞社會黨提供專業人才，但西方社會主義者對保加利亞社會黨大失所望，以至於社會主義國際在一九九六年總統選舉中支持民主力量聯盟候選人。[53]

在這場宛如東方與西方對決的全民公投中，斯托亞諾夫於一九九六年十一月當選了基本上屬於虛位性質的總統一職。[54]然而，原有的政府仍然在位。受到嚴重經濟危機驅使，由青年領導、受到工會及其他公民團體支持的一場群眾運動興起，成千上萬人接連數週上街示威，決心迫使維德諾夫的社會主義第三條道路終結。這場運動獲得西方非政府組織支持，國際貨幣基金組織也明確表示，在保加利亞選出穩定的新政府之前，不會與該國協商新的貸款。[55]一九九六年六月七日，約有八十五萬人實施一小時的警告性罷工，那年十二月，將近一百萬人參與了二十四小時的全國大罷工。變革的壓力影響到了執政黨，在保加利亞社會黨十九名高階政治人物要求更換領導層之後，維德諾夫辭職下台。[56]

斯托亞諾夫試圖與保加利亞社會黨的新主席尼古拉·多布雷夫（Nikolay Dobrev）合組政府，但多布雷夫明智地承認重新開始的必要，同意重新選舉。民主力量聯盟經濟學者伊凡·科斯托夫（Ivan Kostov）因而掌權，他推動國營事業私有化、開啟加入歐盟的談判，並採行親北約路線。一九九九年科索沃戰爭期間，他的政府允許北約使用保加利亞領空，並宣告「保加利亞共和國確認了戰略上的文明選擇，即成為北約正式成員國」。[57]在科斯托夫執政下，保加利亞的經濟持續成長。

保加利亞抗爭者參照過國界彼端的羅馬尼亞自由派抵抗：他們組織群眾集會，支持親西方的候選人。他們也參照塞爾維亞，當斯洛波丹·米洛塞維奇試圖否決反對派在地方選舉中的勝利，就爆發了大規模抗爭。保加利亞媒體透過傳播，讓觀眾熟悉從貝爾格勒街頭發展出來的方法，同時把塞爾維亞的事件（包含了政府與人民的鬥爭）描繪得宛如發生在保加利亞。雖然保加利亞比塞爾維亞還早轉型成多元政體和市場經濟，但塞爾維亞學生領導的反米洛塞維奇運動走上街頭，在他們看來卻是榜樣，保加利亞人也運用從塞爾維亞習得的思維重建保加利亞。而在驚人的交互作用中，塞爾維亞人隨後也受到保加利亞轉型激勵，在二〇〇〇年換掉自己的非自由領導層，將支持改革的菁英推上政壇。[58]

這段轉型騷動顯現了國際與國內對於民主發展的支持是如何匯聚。[59]但它也反映著歐盟具有廣泛的吸引力，能夠促成一場跨越國界（從保加利亞到羅馬尼亞和塞爾維亞）、將不同人群團結在共同志向之下的運動。

歐盟起初並不打算運用自身影響力促進民主。來到一九九〇年代中期，歐盟強調的仍是排除不夠資格的國家。但到了一九九〇年代晚期，布魯塞爾的政治人物注意到，對於有志加入會員國家的影響力，是歐盟外交政策最成功的面向之一。[60]保加利亞的例子說明，歐盟可以藉著提出加入會員國的承諾，引導某個國家走向民主。某位學者將一九九〇年代中期至晚期歐盟政策的轉變，喻為「從被動到主動影響」。[61]一九九〇年代初，加盟協商並沒有時間表，但到了一九九〇年代後半，歐盟開始具體規定加盟條件，為有志加入會員的國家列出明確的政治及經濟中程目標。[62]

歐盟向中東歐施加的壓力未必都是間接的。西方各國行動者反倒與當地非政府組織合作，在現場努力調解和團結彼此不合的反對派領袖。他們指出能被「歐洲」接受的反對團體成員人選，反對陣營繼而指控統治菁英浪費該國加入歐洲的機會。在保加利亞，來自西方的壓力簡化了國內政治光譜，讓一大群不好控制的反共團體得以凝聚，使得民主力量聯盟逐漸近似於西歐的基督教民主黨。

跨國「學習」過程也向更北方的區域延伸。在斯洛伐克，保加利亞把維德諾夫趕下台，激勵了反對派領袖在一九九八年起而反對弗拉基米爾・梅恰爾的非自由政權，並取而代之。[63] 斯洛伐克轉型大致上有三個階段：作為捷克斯洛伐克聯邦的一部分而民主化（一九八九年至一九九三年）；獨立後在梅恰爾統治初年去民主化（一九九四年至一九九八年），隨後在米庫拉什・祖林達（Mikuláš Dzurinda）統治下再民主化（一九九八年至二〇〇四年）。

在梅恰爾這段插曲中，幾乎每一步轉型都在走回頭路：法治被損害、反對派權利受壓抑，同時主張斯洛伐克民族認同而犧牲國內少數民族（尤以眾多匈牙利人為甚）。貪腐無處不在，甚至蔓延到國安部門。一九九五年八月，梅恰爾的政敵斯洛伐克總統米哈爾・科瓦奇（Michal Kováč）的成年兒子被八名男子綁架，強灌一瓶威士忌，而後被挾持到奧地利境內，拋棄在車後行李箱中。奧地利警方接到電話報信，找到了科瓦奇並將他逮捕，因為慕尼黑的一位檢察官對他發布了拘捕令（要求他在斯洛伐克貿易公司「科技城」〔Technopol〕涉入的詐欺案中作證）。綁架案發生當時，梅恰爾被政敵揚・采諾古爾斯基（Jan Čarnogurský）詢問當時的行蹤，梅恰爾則如此答覆：「何不去問問你太太我在哪裡？」[64]由梅恰爾盟友伊凡・雷克薩（Ivan Lexa）主管的斯洛伐克情報局受到懷疑，但此案始終懸而未解。此案的一名證人在汽車爆炸中喪生，梅恰爾則在下台前頒布特赦終止調查。[65]小科瓦奇最終被送回斯洛伐克，他在德國遭受的指控也被撤銷。

一九九五年，歐洲議會決議譴責斯洛伐克政權：斯洛伐克若不履行加盟條件，就不得加入歐盟。[66]梅恰爾不為所動。他擺出民族主義者的姿態反對「世界主義」（mondialism），表示由於西歐的關稅，斯洛伐克將尋求以俄國為最重要貿易夥伴。他憤憤然說道：「西方不想要我們的話，我們就回到東方去。」他的政府不久就與俄國簽訂軍事合作協議，內容包含武器交易。

梅恰爾把自己塑造成社會安全的保障，爭取害怕轉型的斯洛伐克人支持。他推行員工買斷的私有化，此舉有利於親近執政聯盟的團體，並限制外資流動。[67]並非「右派」人物的梅恰爾，常與塞爾維亞的米洛塞維奇相提並論，因為這兩人都從共產主義者變身為民族主義者。但我們也看到了一八八〇年代以來的區域民粹主義要素混雜於其中：利用經濟恐懼，並將包括「歐洲」在內的外國人汙衊為國家威脅。在斯洛伐克菁英的草木皆兵心態看來，外面的世界彷彿全是針對該國的一大陰謀。[68]

梅恰爾的最後一任政府（一九九四年至一九九八年）與斯洛伐克工人聯盟組成聯合政府，這個左翼政黨以妨礙天然氣、能源、電信和銀行業私有化而自豪。[69]但在一九九〇年代尾聲，民粹主義和反西方的民族主義卻喪失了魅力。它承諾不了任何事，最終這些政黨一如克羅埃西亞的民主聯盟，也拋棄了反西方路線，開始調整成主流歐洲政黨都得符合的基本要求。來自布魯塞爾的信號不容許有不同的詮釋。

由於斯洛伐克未能改革，它被排除在一九九七年的北約第一輪擴張之外。[70]不久，一股異質的反對勢力結合起來，在一九九八年九月的國會選舉挑戰梅恰爾，這股勢力由基督教民主黨、社會民主黨和綠黨組成，他們自稱為斯洛伐克民主聯盟（Slovak Democratic Coalition）。[71]但發揮決定性作用的，則是數十個非政府組織構成的「第三部門」，受到美國國家民主基金會（US National Endowment for Democracy）或自由之家（Freedom House）等西方非政府組織支持，從一九九八年三月開始，在OK'98（「公民運動」九八）這個傘式組織之下動員起來。數月前在維也納的一場會議上，西方國家捐款人為斯洛伐克非政府組織領袖引見了羅馬尼亞和保加利亞的非政府組織領袖，力促他們直接參與即將舉行的選戰。因此，這些非政府組織大力催票。

一如塞爾維亞和保加利亞，青年成為動員的核心，例如數百名運動人士在「穿越斯洛伐克遊行」（march across Slovakia）之中走過村莊和城市，散發教材、召開討論會並舉辦歌舞表演。[72]為了對抗媒體操弄，OK'98運用「搖晃投票箱」（Rock the Vote）活動催出新選民，最終約有三十萬名青年註冊投票。青年對於梅恰爾統治的不滿往往更甚於一般大眾，高達六成五。[73]媒體宣傳活動則由國內外體育明星、演員和搖滾樂手出演廣播和電視廣告，瞄準青年選民。而在投票期間，與反對政黨和公民社會團體都有關係的自由派反對者，提升了投票率並透過出口民調來擴大監票規模。梅恰爾的政黨仍是一九九八年九月國會選舉的最大勢力（百分之二十七得票率），卻被所有政黨排斥、找不到結盟夥伴，不得不將權力讓予由保守派經濟學者米庫拉什・祖林達組織的聯盟。

梅恰爾的繼任者此時加快腳步彌補失落的時光。他們推翻了梅恰爾對東方的示好，取消了與俄國的武器交易，並且和保加利亞當局一樣，准許北約在一九九九年使用該國領空。[74]祖林達總理匆促將斯洛伐克自由化，以迎頭趕上被邀請參與歐盟入會協商的國家。[75]他和其他政治人物與公民社會的主要行動者在「民主圓桌會議」上齊聚，保證在二〇〇四年符合所有要求，和第一輪協商的其他候選國一同加入歐盟。

對歐洲的類似共識也出現在羅馬尼亞，該國的反對勢力羅馬尼亞民主議會聯盟（Democratic Convention of Romania）與羅馬尼亞匈牙利裔民主聯盟（Hungarian Democratic Union of Romania）合作。代表西方國家的國際組織遍布羅馬尼亞，渴望直接輸入自由民主理念的內容。[76]這段期間由歐盟啟發的轉型之最高階段，在於非自由政黨本身為了爭取更多國內受眾支持，也開始自稱樂意採納自由民主和經濟改革，擺出親歐姿態，像是克羅埃西亞的民主聯盟、保加利亞的社會黨、羅馬尼亞的社會民主黨都是顯例。[77]數年之內，過去毫不屬於溫和派或自由主義的政治人物，都開始採用他們不太熟悉的少數權利、經濟改革等詞彙，力求符合「歐洲」式政治的期望。

加入歐盟之後，各國爭相創造能夠吸引外資的環境。例如捷克政府設立了大規模援助，包括每開一個新職缺補助多達五千美元，提供廉價土地以及基礎設施支援，並允許新的生產機具免稅進口（條件是在三年內投資至少一千萬美元）。斯洛伐克也提供同樣的誘因，並在與西方國家競爭汽車製造合約時，由於稅率和勞動成本更低廉而勝出。[78]令人啼笑皆非的是，加入歐盟的渴望使得各國爭相提供**外國**公司最有力的補貼，此舉與「新自由主義」精神互相矛盾。

⁂

二〇〇七年，就在前蘇聯集團國家加入歐盟，全世界尚未遭遇經濟衰退之前，有理由樂觀看待歐洲統一。歐盟專家的意見之所以重要，因為信貸評級機構會因應歐盟定期報告而調整結論。走回頭路會受到監督和處罰，因此有人說，回到過去之路已經封閉。然而，嚴厲約束似乎也不必要，因為決策者和大眾都相信，與國際組織合作並進一步整合、經由共同貨幣和大量共同法規而開始組成聯邦，最能為國家利益服務。犧牲國家主權被刻畫成符合國家的最重大利益。因此一九八九年至二〇〇七年間，是外來行動者對民主化產生正面影響的一段罕見時期。[79]有鑑於第一次世界大戰後民主化的失敗，這段時期是歷史上的一大成就，意味著二十世紀中東歐歷史的起頭與結尾，正是民主建立的慘敗與成功，而在頭尾之間的故事，則是歐洲民族國家的悲劇。

儘管這樣的論證看似強而有力，故事卻還沒說完。「民主改革」並未終結，對於歐洲是什麼、能帶來什麼、或者誰又為何屬於歐洲，也沒有明確的答案。二〇一五年初，希臘似乎走到了脫歐邊緣，因為對希臘選民來說，他們無法確定歐洲是不是一個太過痛苦而不宜續留的地方。希臘財政部長當時預測，萬一歐洲再也無法幫助該國還債，希臘就會仰賴俄國或中國——且無疑也會找到心甘情願的債主。歐洲的意義更大於經濟聯合或文化遺產，而是地緣政治集團的一部分。《紐約時報》寫道：「美國官員對於【希臘債務】討論破局的後果表達關切，因為可能促使希臘更加遠離歐洲。」[80]

而在中東歐，遠離歐洲這個選項並未隨著一九九八年梅恰爾下台而終結。他也曾經揚言打「俄國牌」，卻被西方非政府組織支持下的社會力量壓倒。在希臘揚言尋求東方援助之際，身為最早轉型的成功範例之一的匈牙利，民選產生的領導人正在接待普丁（Vladimir Putin），並簽署延長期限的能源協議（當時匈牙利七成的天然氣向俄國購買）。奧班將俄國譽為「非自由民主政體」。兩人會晤之時，數千匈牙利人在布達佩斯市中心遊行示威，他們高舉標語「向普丁說不，向歐洲說好」。一對伴侶頭戴奧班和普丁的面具，高舉標示著「在非自由主義中結合」的十字架。奧班在會談期間明確告知普丁，匈牙利需要俄國。匈牙利自行選擇了親俄的道路，藉此捍衛自己的「國家利益」。[81]

這樣的發展令人震驚，但或許也就和後共產主義者於一九九三年在匈牙利和波蘭重新掌權一樣合理。一九八八年和一九八九年，奧班是匈牙利掙脫蘇聯影響的抗爭領袖之一，他力主堅決轉型脫離共產主義，在一九八九年六月重新安葬伊姆雷．納吉的儀式上向大眾演說，要求蘇軍撤離並舉行自由選舉；如今，他彷彿推著匈牙利走上回頭路，壓制獨立媒體和司法，對科學與教育施加強大政治壓力，並且和其他獨裁者一樣談論著終身掌權。當德國的梅克爾追問著要他說明民主怎麼可能不自由，他不予答覆。人們頂多只能說，喪失德國投資的可能性，看來限制了他說得更明白的意願。

匈牙利何以與眾不同？它的鄰國都沒有採納非自由主義。或許答案埋藏在未解決的歷史深處，在《特里亞農條約》（*Treaty of Trianon*）之後匈牙利民族的持續碎裂之中。二〇〇七年的一次民調顯示，八成受訪者認同《特里亞農條約》是一樁歷史不義行徑。[82]匈牙利在中東歐的失地最廣大，正是在這一點上，民族國家建構尚未解決的問題，能被操作成優先於所有其他理念，促使匈牙利與俄國同一陣線。二〇一五年二月，俄國外交部長謝爾蓋·拉夫羅夫（Sergey Lavrov）在慕尼黑提醒聽眾，烏克蘭不只住著俄羅斯人和烏克蘭人，還有「匈牙利少數民族」，他們受到的歧視令俄國不安，不言自明地為俄國支持烏克蘭東部叛軍辯解。「命運」將其他民族安置在烏克蘭境內，他們的「平等權利」怎能不被尊重？拉夫羅夫無憑無據地宣稱，被徵兵入伍的匈牙利裔「比烏克蘭裔更多」，畫定選區邊界的方式，也是要阻止哪怕任何匈牙利裔當選進入基輔的國會。[83]

拉夫羅夫的發言是在呼應維克多·奧班，奧班在匈牙利電視節目上斷言：「烏克蘭若不公平對待包含匈牙利人在內的少數族群，就不可能穩定，也不可能民主。」他們應當被承認「雙重（匈牙利）國籍、集體權利與自治權」。[84]籠統估算，這群匈牙利人約有二十萬。奧班把這些匈牙利人和其他外國境內的匈牙利人，都理解成他所代表的民族一分子，二〇〇二年在匈牙利南部一場競選演說中，他宣告一項「跨越國界的民族統一」方案，意思是跨越《特里亞農條約》所畫定的國界。[85]二〇一〇年，他給予烏克蘭的匈牙利人公民權，准許他們在匈牙利國內選舉中投票，指望得到他們支持。[86]

烏克蘭的匈牙利人受到奧班的「非自由民主」，以及俄國示範的那種統治作風吸引了嗎？訪談顯示，烏克蘭境內匈牙利人村莊的居民，受到匈牙利的經濟繁榮吸引，而這份榮景（據他們所知）則是匈牙利靠著加入歐洲而達到的。要是他們羨慕匈牙利，那麼原因在於他們渴望著按照「歐盟標準」生活。[87]

但歐盟無法解決所有問題，也無法讓所有國家都在相同程度上邁向繁榮。儘管成為歐盟會員國有著諸多好處，期望與可能性卻無法相符。保加利亞在一九九七年轉向歐洲，但貪腐始終是一大問題。菁英持續掠奪該國的自然資源，政治人物任職則全憑寡頭擺布，例如掌控了保加利亞大部分經濟的媒體大亨德利揚・畢夫斯基（Delyan Peevski）。[88]目前該國仍有兩成人口生活水準低於貧窮門檻，本應資金充裕的大型銀行也不時爆發擠兌。[89]保加利亞重返歐洲很久以後，新一代學生走上街頭，被舊時代留用的同一批警察打得鼻青臉腫，這些新生代或許遺忘了歷史在一九九六年和一九九七年「翻轉」時，上一代人的努力成果和他們感受過的希望。

學生們舉起的標語上寫著保加利亞歷史的重要年代：一九六八年、二〇〇七年、二〇一三年（最後一個年分是保加利亞終於擺脫讓國家淪為歐盟最貧窮會員國的貪腐）。[90]他們的行動與十六年前被遺忘的前輩們完全相同：在索菲亞市中心遊行，要求社會主義者支持的政府下台，提早舉行選舉。他們的故事還沒結束。

結論

對外西凡尼亞、波士尼亞或波蘭西部的研究顯示，族群認同對於東歐人日常生活中的重要性，並不比對於其他人類更大。[1] 但兩百多年來，從萊茵河到俄羅斯之門，族群民族主義這種意識形態發揮了無與倫比的力量，轉變並顛覆了其他種類的政治，不論民族認同在正常情況下是否顯得無可爭議。要是從波羅的海到巴爾幹半島這片多樣的空間（宗教、語言、菜餚口味和帝國的破碎地帶交會之地）在歷史上有任何一貫性，那就在族群民族主義之中了。

但正如族群民族主義造就了東歐，迥然相異的東歐人也造就了族群民族主義，不論他們是捷克和匈牙利字典編纂者、塞爾維亞造反者、波蘭軍校生，或是地下語言課程的教師、普查員、民族基礎構造建立者、納粹和蘇聯統治的合作者和反抗者，甚至是試圖成為民族救星的斯洛伐克或塞爾維亞官僚。

一開始，這些民族愛國志士幾乎不被同時代人所知。捷克政治人物法蘭提塞克・帕拉茲基（František Palacký）說過，一八二〇年代的捷克民族運動，用一個大房間就裝得下，這可不是玩笑話。唯有在一八四〇年代，對於整個民族主義課題都痴迷熱衷的義大利人朱塞佩・馬志尼（Giuseppe Mazzini），才清楚看到了「斯拉沃尼亞」民族主義，優秀的捷克志士卡雷爾・哈夫利切克・波羅弗斯基（Karel Havlíček Borovský）十年後入土為安時，一小群弔客彼此相識，在捷克文人菁英圈中也無人不曉。[2] 當馬克思或路易・布朗（Louis Blanc）這樣區域之外的進步人士哀嘆波蘭的消亡或匈牙利的自由被粉碎時，在波蘭和匈牙利平原上到處採訪的旅人，卻會在詢問民族歸屬時，遭遇到使用不同方言的人們困惑不解的表情。這些人是馬佐維亞人（Mazovians）和上西利西亞（Upper Silesia）的城鎮居民、塞凱伊人（Szeklers），以及識字程度不等、使用多種語言的低地人和高地人，他們精通幾種慣用語，包括老一代人的拉丁語。

十九世紀中葉以前確實意識到民族身分問題的人，往往是仕紳階級，但在現代化的衝擊下，舊世界正隨著他們名下的土地轉賣而粉碎。不管怎麼說，身為波蘭人或匈牙利人對於他們的意義，與日後對人們的意義大為不同。許多仕紳理所當然認為，猶太人有可能成為波蘭人或馬扎爾人，而在政治高壓的年代裡，「波蘭」和「匈牙利」不只存續於中東歐，也同樣存續於中東歐之外——活在巴黎或紐約流亡者的著作與論證裡。

民族主義者沒有代表著誰，因為沒人揀選他們出來翻譯字典和揮舞旗幟。但從一七八〇年代至一八四〇年代，以及兩次世界大戰過後的年代，在每一個政治「轉折點」上，中東歐有意從政的人們都把自己塑造成能用某種方式為「他們的」民族掙脫外來暴政。民族主義者運用一切手段（從民族主義印刷媒體、民族國家官僚到帝國學校），向大眾灌輸一種新的歸屬感，這種歸屬感既廣泛卻又狹隘且排他，將歷史上波蘭或匈牙利內部迥然相異的人口統一起來，並教導他們誰是異己。在通常事不關己的人口之中散播民族意識的這項任務，令一代代人全神貫注，但這項任務卻直到第二次世界大戰後，才由國家推動的血腥政策（如人口交換）而完成。[3]

即使民族是愛國志士想像出來的，他們最終出力造成的民族卻又不完全是「人為的」。捷克族群的成員們早在蓋拉修斯．道布納（Gelasius Dobner）或約瑟夫．榮曼（Josef Jungmann）等人執筆之前數百年，就已經強烈意識到自己和德語使用者之間的差異。[4]有一種憤恨非常久遠、甚至古已有之：憎恨那些太「優秀」而不跟你說同一種語言的人，那些人彷彿占盡優勢。早在十九世紀中葉以前很久，這種感受在塞爾維亞人和波希米亞的斯拉夫人中間就很鮮活，這是愛國人士得以運用的資源，但卻非永遠張弛有度。本書的教訓之一，正是歷史已然說明，捷克斯洛伐克人和南斯拉夫人都不是同一群人，這與早年愛國志士的想像恰恰相反。到頭來，「捷克斯洛伐克」跟「南斯拉夫」兩種民族觀念都不足以為了阻止捷克斯洛伐克和南斯拉夫消亡，而動員足夠的人力為其殺人和赴死。能夠動員人民的實體是克羅埃西亞和塞爾維亞，以及更北方的羅馬尼亞、匈牙利和波蘭。東歐民族主義是關乎從歷史中消失的恐懼、關乎對種族滅絕的恐懼。

這套論述一旦興起於十八世紀晚期，基本輪廓即鮮少與時俱變，而且不同於西方的變體。民族主義到處皆與自尊和榮譽相關，但從歷史中消失的恐懼，卻不存在於英格蘭、法國、義大利、西班牙、俄羅斯、斯堪地那維亞和低地諸國的民族主義。這倒不是說每個人在大多數時候都有這種看法，但政治卻被濃縮成了某種民族主義的菁華，尤其在關鍵時刻（例如一八四九年在外西凡尼亞、一八七五年在赫塞哥維納，以及一九一九年在東加利西亞〔Eastern Galicia〕）。民族主義對人類精力的動員力別無其他力量能夠匹敵，不論涉及的是號召工人罷工，還是民兵發起攻勢。一八四九年哈布斯堡帝國命懸一線之際，在匈牙利捍衛哈布斯堡本身的並非帝國軍，而是克羅埃西亞人、德意志人、羅馬尼亞人和塞爾維亞人等各民族的武力。

侵略性塞爾維亞民族主義興起的新近里程碑之一，乃是塞爾維亞科學院在一九八六年那份惡名昭彰的備忘錄中所激發的種族滅絕：與科學院所指稱的科索沃阿爾巴尼亞民族主義威脅有關。種族滅絕敘事隨著塞爾維亞民兵在波士尼亞「清洗」並屠殺穆斯林而持續，進而使族群認同感在波士尼亞穆斯林之中具體成形。

「波士尼亞」在此之前有一部分是區域描述，但此時它無疑是民族描述，而波士尼亞人也加入了中東歐「小民族」的行列，藉由保障民族免於消滅，取得主張國家地位的正當理由。民族主義在特定條件下會變成機會主義，且與自由主義、社會主義、基督宗教等其他可能投機的世界觀不同，民族主義在採取新面貌的同時，也隨之成長。

⁂

民族主義到底是不是非得發生不可？東歐人有可能創造出其他非民族的歸屬原則嗎？近年許多對於中東歐的論著，都把這個選項當成認真的可能性而念念不忘。但調查研究超過兩個國家之後，你也許可以想像出不同的歷史走向，故事情節卻不會改變。從巴爾幹半島北上的中東歐各地，民族化的歷史或許在六個時刻，有可能按照完全不同的情節演進：要是約瑟夫二世（Joseph II）沒有試圖用德文取代拉丁文（一七八四年）；要是加夫里洛・普林西普（Gavrilo Princip）未能一槍命中哈布斯堡王儲（一九一四年）；要是某位美國總統沒有成為歐洲民族自決的使徒（一九一九年）；或者，讓希特勒得以掌權的那些機遇都不曾發生（一九三三年一月）。[5] 這些確實都是與個別舉動相關的偶然時刻，我們可以想像它們以不同方式發生，將歷史推上不同走向。[6] 如此的反事實推理至關重要，因為若非如此，歷史學者就只能面對歷史決定論。[7]

但在這些案例之外，貌似合理的替代局面也就所剩無幾。你無法想像一八四八年和一八四九年鎮壓人民之春的反動勢力不存在；你也無法重新洗牌一八六〇年代的人物與事件，藉以解讀出哈布斯堡菁英的妥協有可能安撫捷克政治階級。波蘭政界菁英的許多群體都堅決反對任何俄國統治的方式，親俄合作者則自始至終皆大失所望。就連最卑躬屈膝的波蘭政治人物所做出的任何妥協，都無法減輕俄羅斯化的震盪。想像一九一八年和一九一九年間有個截然不同且更為聯邦的南斯拉夫，或是五十年後的克羅埃西亞之春能有不同結果，都很迷人，但從其中任一事件的真實歷史細節，卻都無法產生明確的關鍵偶發轉折時刻。[8]

即使沉溺於以上任一事例的幻想局面，替代選項仍涉及一種不同的民族解決方案，可能流血較少，也可能未必如此。與某些學者的著述恰好相反，民族認同發展必然發生，近似人類群體所共享的相同命運。早期的民族主義者明白，即便他們無法喚醒「他們的」人群（例如匈牙利北部的斯洛伐克語使用者），這群人也不會繼續作為無害的非民族群體而存在，而是會成為其他民族的一分子。本書的分析所呈現的，正是民族主義並非機緣巧合之事，而是由時勢造就，民族主義的力量首先取決於特定族群感知到的威脅程度到底有多大。[9]

研究民族主義的學者強調，十九世紀行動者創辦學校或爭取語言權利的意圖，仍不及於要求完全獨立的民族國家，但重點在於，愛國人士要求的民族權利，是在帝國疆界之內、乃至帝國內部的王國國境中都不能滿足的。就以一八三〇年代匈牙利民族運動初期為例。匈牙利不是英格蘭或法國，而是由不同語言和宗教群體拼湊成的大雜燴，這些「少數群體」其實構成了過半人口，而且某些群體擁有承襲於歷史的權利，例如克羅埃西亞菁英。要是法國的人口也由三分之一布列塔尼人、三分之一亞爾薩斯人（Alsatians）和僅僅三分之一說法語的人組成，它也會陷入極大的困境。因此，要說匈牙利或其後的捷克自由派無意擾亂帝國的平衡，那就完全畫錯重點了，因為他們的行動不帶感情，造成的破壞不可避免，必然視自身人群為優先與優越，且渴望在文化上令他者從屬，即使未必是立刻消滅他人語言。

即使民族地位論述彷彿以勢如破竹的氣焰在整個中東歐區域向前發展，它在十九世紀晚期仍日益激進。一般說來，民族運動越是悲觀，其族群至上主義傾向就越強。當悲觀情緒掩蓋了一切替代見解，其結果就成了法西斯主義。匈牙利的悲觀情緒最為強烈，先是人口恐慌，接著是《特里亞農條約》的災難，正因如此，一九三〇年代匈牙利社會各階級的反動最為極端，但塞爾維亞人、波蘭人和捷克人則較不強烈。

十九世紀晚期，關於民族地位的族群觀念，也按照當時的科學趨勢而變得種族化。因此捷克或波蘭民族主義者不只認為他們的人民來自於同個部族，更認為那些部族由血緣結合。他們知道自己的民族千百年來經由改宗或通婚而吸收不同的人，法西斯主義者常常是外國裔卻也不會因此而受到憎惡——除非人們得知他們是猶太人。

所有民族主義都含有一種觀念，認為猶太性質擁有不同於一切他者的「他者性」，其差異更大也更顯著。到了二十世紀，波蘭出現了「猶太人在生物上和本質上，都與波蘭人異質且不同」的觀點。反猶主義者說，這個「事實」沒那麼容易辨別，因為猶太人是「白人」。[10]但這種觀點也不限於反猶主義者：有些猶太人堅稱，猶太人在人種上不同，應當想方設法自我保護。[11]

❊

東歐作為一片不受疆界拘束的區域，開放地接納種族主義和民族主義之外的智識潮流。考慮到東歐區域的人民往往生活在大帝國治下，這點尤其屬實。奧匈帝國的民主和社會主義運動依族群而分裂，但自由主義與社會主義相關理念，仍能傳播於帝國全境和歐洲全境而不受阻礙。第一次世界大戰後的協議，將這片區域裂解為許多民族國家，但隨著德國征服波希米亞和波蘭，中東歐從屬於德國勢力範圍之內，舊日的帝國又在一九三九年復甦——此時的東歐成了新事物的腹地：極權主義意識形態支配下的兩個帝國體系。

但與一九一八年以前的帝國主義同樣屬實的是，此時的外來統治也在相當程度上本土化。種族滅絕的理論與實踐由納粹德國輸入，但在當地民族主義內部成形。要是先前的敵人身穿不同的軍裝，那麼此時的敵人就是不分軍民的異族。東歐沒有哪個社會有意願或能力製造出納粹德國所引發的種族總體戰，但東歐每個社會都順應於這種對敵人的新理解，因為吻合了當地傳統。大多數情況下，波蘭社會毫無怨言地接受從他們之中隔離並排除猶太人，因為猶太人在他們看來是異己。即使戰後的時局演變讓人們能夠安心哀悼猶太人的突然消失，也幾乎沒人哀悼。在波希米亞和摩拉維亞保護國（Protectorate of Bohemia and Moravia）、波士尼亞，以及匈牙利也同樣如此。納粹占領在每個地方都揭示，多數非猶太人不把猶太人當成自身民族的一分子，因此猶太人不在他們的義務範圍之內。[12] 然而，每個社會確實都對同族人民的喪生深感痛惜。[13] 直到今天，你還是看得見一九四五年短暫的布拉格起義期間，眾多捷克人戰死的紀念地，因為戰鬥結束沒多久就樹立了紀念碑。但直到德國藝術家君特．德姆尼希（Gunter Demnig）的創作產生影響之後，捷克人才開始在全國各個重要地點，紀念猶太同胞為數更多且無可比擬的死難。[14]

對當地族群安危的擔憂，使得人們輕易適應了第二次世界大戰結束後蘇聯引進的第二套極權秩序。蘇聯紅軍從德國統治下解放了波蘭和捷克，對於民族的未來不可或缺。共產主義者成了激烈的民族主義者。他們在某些方面走得比前輩更遠，將人民對社會與族群理解結合起來。此舉是為了鞭撻資產階級舊秩序，不只為了舊秩序無法保衛國家不受納粹帝國侵略，也為了舊秩序不能增進平民生活的福祉。千百萬波蘭人和波士尼亞人仍然住在土屋村莊裡，缺乏電力且民智未開，仍像自古以來的祖先那樣竭力謀生。「人民民主」讓中東歐變得既現代又歐洲。[15]

但列寧主義先鋒隊的基本概念，即使對於東歐在地的馬克思社會主義來說都是外來的。馬蒂亞斯．拉科西（Mátyás Rákosi）的極端敵「我」概念，乃至其背後看似絕對的科學與道德堅信，全都從他在莫斯科接受的訓練內容輸入。中歐的政治雖然人才濟濟卻一團混亂，沒有哪個政黨懷著絕對掌控欲，就連昔日的社會民主黨人亦然。一九二〇年代中歐各國共產黨興起時，史達林不得不肅清並重組這些桀驁不馴的共產黨，溫和的捷克共產黨尤其是一大挑戰。他所代表的蘇聯體系興起於一九一七年以前支配著俄國的政治與社會極端不公，因此確信唯有完全徹底的變革，才能恰如其分地回應資產階級社會的不公。16

如今東歐區域對於過往的論述，強調的是東歐人民以各種方式抵抗西方和東方輸入的極權主義，不論其中特別強調的是一九四四年波蘭華沙起義之類的反叛，還是匈牙利更具結構性的抵抗。亞諾什．卡達爾的新經濟機制看似是對外國支配的回應，實際上是一九五六年起義「失敗」的結果，與一八四八年和一八四九年「失敗」的革命所產生的一八六七年妥協雷同。在這兩個例子裡，帝國統治者及當地協力者都必須調整。關於起義（一八四八年和一八四九年在匈牙利、一九五三年在德意志民主共和國、一九六八年在捷克斯洛伐克，或是一九八〇年在波蘭）更大的事實，其實不在於它們被鎮壓了，反倒在於它們不該重演，[17]這意味著政府使盡全力安撫人民。皇帝法蘭茲・約瑟夫（Francis Joseph）以一八六七年妥協安撫匈牙利人，一百年後，亞諾什・卡達爾則窮盡三十年統治，極力確保一九五六年起義不可能再次發生。但一九五六年的起義歷歷在目，是令他至死難忘的痛苦。

某位歷史學者主張，波蘭人的抵抗傳統，尤其一九四四年起義，導致蘇聯政治人物對待波蘭更加審慎。[18]最終，每一次抗爭都阻止和抑制了波蘭共產黨人，不論是戰後初年的反共暴動，還是工人和知識分子在一九五六年、一九六八年、一九七〇年和一九七六年的行動。到了一九七〇年代，共產黨已經退讓到這種地步，使得外來的列寧主義意識形態只剩空談。接著團結工聯革命發生，即使它自稱並不敵視社會主義，其實卻打亂了社會主義的基本盤算。

捷克共產黨人則走上了不同道路。一九六九年的「正常化」有兩大目標：確保布拉格之春不再重演，並確保它被遺忘。其後二十年，就連對開放、批評或理性管理的微小要求都必須撲滅，古斯塔夫·胡薩克政權恰好與人性化的社會主義南轅北轍，也就是回歸史達林主義式的指令體制，正統思想由少數掌權者決定。正常化逼使良知遭受沒完沒了的檢視，公共領域只剩下了無生氣的列寧主義。同時，正常化實行者保證高度生活水準，並確保人們能將時間和精力留給私生活。藉由持續激烈的社會平均化，並拒斥「資產階級」的期望（高等教育可能轉化為生活中更多福利），他們尤其能夠吸引工人（工人對布拉格之春反應冷淡）。這正是捷克斯洛伐克的吉尼係數獨樹一格的原因。

✳

即使政體形式有自由主義、法西斯、共產主義、新自由主義等多種變體，東歐民族主義仍保有一份關乎優先權和優越地位的核心意義。有時這份核心意義的主張很直率。零落的文獻紀載指出，斯拉夫人比德意志人更早定居於波希米亞，捷克愛國志士因此堅定不移地相信波希米亞是他們的土地。匈牙利愛國人士則必須更加別出心裁，因為他們知道在西元八八〇年代馬扎爾騎兵闖入之前，凱爾特人和斯拉夫部族早已定居於潘諾尼亞（Pannonia）。最終，匈牙利愛國人士產生了一種觀點，指稱匈牙利民族領導階層的優越地位不僅在潘諾尼亞，更擴及了整個歐亞大陸。拉丁人源自馬扎爾人，而馬扎爾貴族階級更為特別的是源自「斯基泰王族的遺裔」。[19] 波蘭仕紳也編造出一套神話，自稱源出古代王族薩馬提亞人（Sarmatians）。[20]

羅馬尼亞人的波雅爾（Boyar）神話更貼近近代。據說波雅爾階級始終願意接受波雅爾家族的奴僕注入新血，他們早已預料到法國大革命的民主。這套信念被用來為波雅爾不盡然世襲擁有的土地和特權辯護，由於波雅爾階級基於人道且平等的機制建立羅馬尼亞各公國，他們對於將貴族一掃而空的法蘭西共和國的理念也就無所畏懼。[21]

由於民族認同概念處處與民族性格相關，因此民族性格這個虛構產物至關重要，因為人們會反對（也能被動員起來反對）那些誤判「他們的」性格的人。對虛構的抗拒可以產生出強大的真實，不僅在學術環境具有決定性意義，在一切重要環境也都是如此。就以影視演員庫特．尤爾根斯（Curd Jürgens）為例，他在一九五七年的電影《海底喋血戰》（*The Enemy Below*）飾演一名德國潛艇艇長，善盡職守卻在納粹的「新德國」格格不入。尤爾根斯日後回想：「這部電影對我很重要，這是戰後第一部不把德國軍官演繹成怪物的電影。」[22]尤爾根斯自己既不是德國軍官、也不是德軍士兵，甚至顯然不是德國人。他母親是法國人，父親來自漢堡，一九三〇年代他在維也納演出而取得奧地利國籍。一九四四年秋天，納粹當局以「政治上不可靠」為由把他送進了集中營。儘管如此，德國軍方受到的批評還是讓他覺得被牽連。[23]

⁂

還有其他攸關社會、經濟、帝國的敘事，但每個例子的耐人尋味之處，在於民族主義是如何鑽入每種敘事之內並改變形貌，有時是反帝國、支持民族國家，有時是多族群的（捷克斯洛伐克、南斯拉夫），有時則與一種或另一種帝國權力勾結。對民族主義者而言，民族權利不是權利的其中一種（比方說，它不是一種人權），而是其他一切權利的源頭，是人類自由的前提。伊什特萬．塞切尼（István Széchenyi）在一八四五年接受了這個邏輯，詢問道：「要是你想實現自由，你希望以哪個民族為基礎達成？斯拉夫還是德意志？」[24]

塞切尼是匈牙利最偉大的愛國者，而他忙著打發其他更偉大的愛國志士。他和其他東歐民族主義者正如東歐本身，缺乏疆界、腹背受敵。他們的政治因預期的挑戰而走向激進。麥卡尼（C. A. Macartney）寫道，在一八九〇年代外西凡尼亞的羅馬尼亞人之間，溫和派逐漸消失，「整個民族運動逐漸落入民族極端分子掌控且不受挑戰，政府只能加強壓制，沒有其他回應方式」。[25] 換言之，自身陣營內部的極端主義，同樣也可預見對手陣營的激烈化。外西凡尼亞的反對陣營匈牙利菁英早已不存在塞切尼或了不起的約瑟夫．厄特沃什（József Eötvös）等溫和派。[26]他們的匈牙利要由匈牙利人治理，所有其他人民都只能在他們的國家機器支配下享有權利。

十九世紀的建國者們，對於匈牙利的前途有了共識，沒有任何競爭者得以存續。波希米亞可說也是同樣情況，捷克民族運動通常運用私人資金爭奪每一所學校，而對波希米亞注定屬於捷克心存疑慮的人，在哈布斯堡當局促成的自由選舉中絕無可能當選。波希米亞的德意志人和捷克人雙方都意識到，這是在嚴格限定的空間中展開的文化殊死戰。

民族主義的引力甚至能把幾乎不關心民族的政治人物也轉變成極端主義者。貌似溫文爾雅的國際銀行家和技術官僚斯洛波丹．米洛塞維奇，或性格古怪的科學家拉多萬．卡拉季奇都是著名案例（兩人日後都以戰犯定罪）。在遠離媒體頭條的斯雷布雷尼察，不同族群的人們世世代代和諧共處，但在一九九〇年代初，溫和派政治人物逐漸被同黨的強硬派排擠。[27]波士尼亞和克羅埃西亞其他地方也出現了類似的發展，例如克寧。[28]我們這個時代的「溫和派」，是波士尼亞塞爾維亞共和國的米洛拉德．多迪克（Milorad Dodik）——見多識廣的美國外交官理察．郝爾布魯克在一九九八年認為「要是有更多像多迪克那樣的領導人……能夠興起並且存活，波士尼亞作為單一國家就能存續」；但如今，伊莉莎白．澤羅夫斯基（Elizabeth Zerofsky）寫道，多迪克卻是「最好戰的塞爾維亞民族主義者之一」。二〇一五年六月，多迪克宣稱斯雷布雷尼察屠殺是「二十世紀最大的騙局」。十年來，他已經搞懂了要怎麼做才能從體制中獲得好處。[29]

這種發展在西方也不是前所未聞。比方說，德國領導人赫爾穆特．柯爾在一九九〇年德國統一前夕，為了與更右翼的民族主義勢力競爭，而修改了詞彙、拒絕保證波蘭的邊界。但這個問題當時並未（也不能）被視為最嚴重的危險，因為那是強國內部的政治投機。更極端的論斷專門保留給克羅埃西亞或波士尼亞境內的塞爾維亞人、科索沃的阿爾巴尼亞人，或是試圖堅守「自己」土地的克羅埃西亞人或斯洛伐克人。或者保留給波蘭的塔德烏什．馬佐維斯基，他試圖向柯爾傳達自己身為政治中間派的窘境，卻沒有成功。[30]

被威脅的「人群」同時擁有社會性與族群性的事實，有助於促使社會與族群民族論證不可分割且彼此強化。一九四〇年代匈牙利的反法西斯敘事（一套對抗民族極端主義的敘事）必須以民族解放的詞彙表述，才能結合族群與社會關懷。在這個敘述中，左派主張真正的「人民」是被其他階級背叛的農民；而當基督宗教兩大教會試圖在戰後秩序中為自己爭取正當地位，他們也以「人民」的名義這麼做。[31] 在波蘭，蘇聯在一九四四年設立負責統治的機構叫做民族解放委員會；而在更南方，南斯拉夫共產黨人才剛組成了南斯拉夫反法西斯人民解放委員會。

在一九五〇年代和一九六〇年代，波蘭的國家和教會彼此競爭著更加名副其實的民族敘事代表，兩者分別慶祝了建國和開教一千週年。即使在一幅留白的黑色聖母像之中，也能清楚看出教會的宣示更為強大。東歐各地的民族共產主義者也相互較勁，例如波蘭的瓦迪斯瓦夫·哥穆爾卡和匈牙利的亞諾什·卡達爾。卡達爾藉由懷柔人民需求，在國定假日讓裝飾著國家代表色的商店櫥窗堆滿商品而保持權力；哥穆爾卡的政策則因為學生抗爭，最後連工人都上街抗議而失敗——示威群眾高唱愛國歌曲和揮舞旗幟，波蘭紅白國旗震撼人心地染上了血。

※

從歐洲比較研究的視角看來，這些高舉國旗的工人彷彿來自異國，難以理解。著名的研究把東歐民族主義的獨特性刪減到幾乎面目全非，削足適履地讓東歐民族主義符合民族主義一詞的全球定義，就連中歐出身的作者也不例外（例如厄尼斯特・蓋爾納〔Ernest Gellner〕和艾瑞克・霍布斯邦〔Eric Hobsbawm〕）。霍布斯邦的民族主義概念意在放諸四海而皆準，但我們在本書中留意的是地球上某一角落的人們對這個詞的定義。在那個角落，蓋爾納的《民族與民族主義》（*Nations and Nationalism*）所述說的全球故事之座標，若非不相干就是次要，例如約翰・史都華・彌爾（John Stuart Mills）認為民族國家是必須「可以生存運作」的概念，或者民族主義需要在規模上達到特定門檻，才能正確開展。捷克人或斯洛維尼亞人對這些概念或門檻毫無所知，他們自行創造了不受約束或與之相悖的歷史。霍布斯邦認為語言和歷史並非決定性判準，卻會被中東歐幾乎每個人都斥為胡說八道——即使這套理論也許可能充分表示從太空衛星俯瞰地球時所見的民族主義現象。32

或許可以進一步的說，那顆衛星是在西歐上空的固定軌道運行。研究民族主義影響最深遠的著作，假定「方言印刷資本主義」是推動民族主義傳播的至關重要作用。但民族主義運動在匈牙利和塞爾維亞或波蘭興起之時，這些地方幾乎毫無資本主義，甚至直到二十世紀，東歐仍深受文盲所困，而在人們能夠閱讀之處，他們的方言則往往遭受壓制。要是民族主義能興起的話，它就在上述提及的這些人物之情感、觀念和暴力行動之中，其中有些人是神父或學者、有些則是盜匪。

這個問題的研究者便是人類學者班納迪克．安德森（Benedict Anderson），他為讀者發掘了其中某些人名——約瑟夫．多布羅夫斯基（Josef Dobrovský）、榮曼、費倫茨．卡津齊（Ferenc Kazinczy），卻對激發他們行動的那股熱情毫無描述。他把這些人連接到他們並不屬於的那套歐洲思想系譜，以及全神貫注於剝削美洲和亞洲的西方想像。但多布羅夫斯基和榮曼關懷的是他們的在地人民。他們不像愛德華・薩依德（Edward Said）筆下那些渴求目睹「不同、奇異、遙遠之事」的學者兼史家，反倒執迷於確保波希米亞或匈牙利那些不同與奇異的事物不致消亡。[33]

身為浪漫主義者，他們無聲的狂飆突進（*Sturm und Drang*）和親身經歷的矛盾，與社會科學家的架構互不相容。班納迪克・安德森對於外西凡尼亞或波希米亞南部蜂擁參加群眾集會的數十萬人不置一詞，更不提塞爾維亞或波蘭的殺戮現場。[34]他和霍布斯邦都沒有帶領讀者進入帝國暗處，社會與民族壓迫的屈辱在那兒同步發生；他們也無暇討論愛國志士為了還不存在的民族而動員的矛盾，或是民族主義者重組原有的概念以創造新事物的矛盾。現代化（即使未必「資本主義」）關鍵之處，不僅在於它是創造民族的力量，更在於對這股力量的回應催生了民族。一七八四年的創生時刻是對中央集權與理性化的反抗。雖然現代化後來幫助了民族共同體，但近代民族也多半成長於現代化之前的條件之下，例如塞爾維亞。

因此資本主義並未在東歐產生民族主義；它反倒是一種手段，有助於重塑及散播既已存在的民族觀念與認同。[35]這些觀念與認同，乃至為它們而活的承諾，則出自對於被遺忘的強烈恐懼、對居高臨下態度的極度怨憤，以及對臣屬地位鬱積已久的仇恨。這些情緒之所以在十八世紀晚期於東歐遍地開花，則與帝國做帝國本來就在做的事有關（也就是彼此競逐權力與榮耀）。約瑟夫二世想要成為法國和大不列顛（同時身兼民族國家和廣大帝國）、凱薩琳大帝想要成為歐洲首屈一指的陸權國，蘇丹們則要確保自己不會被完全逐出歐洲。於是他們採取了危險之舉，在希臘和塞爾維亞根除貪腐。

在這片帝國邊緣的遼闊空間中，語言是新民族主義第一種滋養的可見物質，而語言也是那些最著名理論家的分析中最醒目的盲點。在安德森的架構裡，方言是一項給定條件，僅需轉寫為文字即可；事實上，方言歷經了數十年爭議不休的「想像」之後才出現，即使愛國者內部意見不一，也與頑固的審查員心願相違，仍然得以誕生。[36]捷克文的例子再次成為楷模：捷克文報刊的每一吋版面、捷克語戲劇表演的每一分鐘、教授捷克語的每一間新課堂，都是人們努力的目標——安德森或其他重要理論家全都沒空加以探討，因為這並不普遍。

安德森想像民族主義是從法國開始的連鎖反應中得以跨越國界。這個說法的基本概念無可置疑，民族應當在定義的疆界之內掌握自身命運，這是歐洲內外的人民從巴黎學到的教訓。但說到東歐的話，從法國轉移來的狀況卻更加矛盾。德意志人雖然是第一個吸收法國模式的民族，卻也拒絕這個典範，並以據說與模範民族無關的事物，也就是法國人視為理所當然的語言和文化，鑄造出自己的民族性版本。東歐人民接著形塑了相對於德意志的民族屬性概念，並同樣聚焦於文化與語言。[37] 在一八六〇年造訪布拉格的外來者眼中，捷克人的反世界與當地德意志人的變體看來毫無區別；捷克人吃一樣的食物、穿一樣的服裝、喜愛類似的音樂和故事、在地的主保聖人相同，職業抱負和美好生活的志向也相同。這樣的印象會持續到人們開始聽見捷克人用他們獨特且珍貴，對德意志人來說困難得傷腦筋的方言說話為止。

捷克人談論的是身為小民族的命運，如殖民地一般受控制，迫切需要安全的邊界，而討論的方式是英國、法國等歷史悠久的強國公民所無法理解的。從外來者成為局內人的馬薩里克，得先精通**那種**語言，才能建立起捷克斯洛伐克民族國家。奇怪的是，西方觀察家至今仍忽視這個訊息，原因正在於他們堅持只把東歐看作自身歐洲空間的延伸（畢竟，東歐異議人士發起運動的首要目標，就是要重新加入歐洲）。用冷戰的語言來說，一九八九年以後發生的事，顯然是第一世界在歷史的最終幕接納並吸收了第二世界。

但從二〇一〇年前後開始，我們看見了中東歐固執地背負自身的過往。就在二〇一九年一月四日早上，《紐約時報》刊登了一封控訴《特里亞農條約》不義的公開信！[38] 其實，中東歐是第一、第二、第三世界存續且重合之地，每個世界都在對相同和相異的過往提出要求。比方說，一九八九年以後，捷克受到意志堅定的新自由主義者瓦茨拉夫．克勞斯統治，他可以稱得上是當地的民族主義者；但在此之前，捷克可是第二世界反資本主義的中心之一；回溯到更早的十八世紀晚期，則是殖民地臣民，也是民族解放鬥爭概念的共同發明者。

那段遙遠過往的學者兼愛國志士，連同一九六八年和一九八九年的捷克學生、一九五六年和一九八八年的波蘭工人，以及一九六〇年代或一九八〇年代的南斯拉夫知識分子，他們都將爭取自由、社會與民族權利的三股鬥爭交織為一：他們要的是負責任的政治代表、活得有尊嚴且不虞匱乏，以及民族文化受到保障。一九三八年、一九四八年和一九六八年的故事，並未與伸張自我對抗外來支配的老故事劇烈地分割，而是將舊有敘事更新。在許多方面，一九一九年的大霹靂，或是布達佩斯的一九五六年與布拉格的一九六八年，都是一八四八年和一八四九年騷動的重演。奇蹟般的一九八九年是一場民族解放鬥爭，也是在地民主、基本公民權利等等更深沉傳統的主張，這些傳統都有數百年歷史，可以從一七九一年的波蘭憲法，或是匈牙利極其古老的地方自治傳統窺知一二。

假如這些故事能帶來教訓，那就是當這三個世界的任何一個遭受輕蔑之時，就會出現聲稱要撥亂反正的勢力，而這些勢力鮮少屬於自由派。哈布斯堡帝國受困於自由派或其他方面的權利主張人士，而在一八六〇年代打開了代議制政府這個潘朵拉魔盒，隨之而來的則是各式各樣不分左右的民粹主義（尤其在一八七九年自由派失勢之後），並曾短暫統合於一八八二年林茲綱領之下。在這之後的幾代人見證了自由民族主義、民族社會主義、社會主義民族主義的短暫勝利，最近則是在「回歸歐洲」之後，又有一種激烈的民族主義，既牽扯了過往的《特里亞農條約》等事件，也與某種今日無以名狀的政治有關。

致謝

我首先受惠於支持我進行東歐教學工作的研究機構：喬治城大學及其外事學院、海德堡大學、克拉科夫亞捷隆大學（Jagiellonian University）及其一度設立的波蘭人離散研究所（Instytut Badań Polonijnych），然後是密西根大學、哈佛大學、加州大學柏克萊分校的歷史學系。柏克萊加大歷史學系經由人文研究獎助金支持這項出版計畫。我有幸在耶拿大學因惹．卡爾特斯學院（Imre Kertész Kolleg Jena）和布達佩斯中歐大學報告我的研究成果。中歐大學這所傑出學術機構格外沉痛地表明，大學對於維繫我們的文化至關重要，但在遭受恐懼與無知的力量侵擾而不得保障時，卻又何其脆弱。

我要向協助我學習這一區域的老師們，表達我持久不衰的感謝，從理察．史泰慈（Richard Stites）、詹姆士・謝德爾（James Shedel）、庫特・揚科夫斯基（Kurt Jankowsky）、耶穌會士隆納・莫非（Ronald Murphy, SJ），以及揚・卡爾斯基（Jan Karski）開始（以上喬治城大學）；接著是安德烈・布羅澤克（Andrzej Brożek）和瓦迪斯瓦夫・米奧敦卡（Władysław Miodunka，以上克拉科夫）；以及波格丹娜・卡本特（Bogdana Carpenter）、羅曼・斯波爾魯克（Roman Szporluk）、茲維・吉特爾曼（Zvi Gitelman）、傑夫・伊利（Geoff Eley）和朗・蘇尼（Ron Suny，以上密西根大學）。即使我從未在查理大學修課，但我尤其感謝已故的揚・哈夫拉涅克（Jan Havránek）慷慨相助不遺餘力。我在哈佛極其有幸，能與我的三位老師——史坦尼斯瓦夫・巴蘭恰克、查理・邁爾（Charlie Maier）和羅曼・斯波爾魯克經常對話，這三位都擁有生而為人的一切天賦。我感謝哈佛大學的兩個機構提供了省思和參與的絕佳環境，洛厄爾學舍（Lowell House）及其慷慨仁慈的舍長威廉和瑪麗・李・博塞特伉儷（William & Mary Lee Bossert），還有歐洲研究中心的艾比・柯林斯（Abby Collins）、吉多・高德曼（Guido Goldman）、史丹利・霍夫曼（Stanley Hoffman）和查理・邁爾，開創出不同凡響的智識探索風氣（正值世界歷史極其扣人心弦的一刻）。

數十年來，我從朋友和同事身上積累了對於東歐區域的大量洞見，其中我要表彰的是曼努埃拉・格雷科夫斯卡（Manuela Gretkowska）、東尼・列維塔斯（Tony Levitas）、維托德・羅德基耶維茲（Witold Rodkiewicz）、揚－克里斯多夫・佐耶爾斯（Jan-Christoph Zoels）、伊戈爾・盧克斯（Igor Lukes）、巴貝爾・巴爾特斯（Bärbel Baltes）、馬克・皮塔維（Mark Pittaway）、帕德萊克・肯尼（Padraic Kenney）、麥可・大衛－福克斯（Michael David-Fox）、卡蒂亞・大衛－福克斯（Katja David-Fox）、艾倫・泰勒（Alan Taylor）、綺麗・史陶特－郝斯泰德（Keely Stauter-Halsted）、伊斯特凡・雷夫（István Rév）、保羅・哈內布林克（Paul Hanebrink）、格里高茲・艾基爾特（Grzegorz Ekiert）、諾瑪・費爾德曼（Norma Feldman）、巴拉茲・特倫塞尼（Balázs Trencsényi）、伊凡・拜倫德、賈斯汀・詹姆波爾（Justin Jampol）、史蒂芬・沃勒（Stefan Wolle）、托馬斯・林登柏格（Thomas Lindenberger）、札克・修爾（Zach Shore）、克里斯多夫・克萊斯曼（Christoph

Klessmann）、卡麥隆・孟特（Cameron Munter）、馬丁・君陶（Martin Guntau）、弗洛德克・波羅傑伊（Włodek Borodziej）、伊芙琳娜・揚祖爾（Evelina Janczur）、提摩西・賈頓・艾許、伊沃・戈德斯坦（Ivo Goldstain）、帕維爾・馬切維茲（Paweł Machcewicz）、厄蘇拉・帕瓦什（Urszula Pałłasz）、賴瑞・沃爾夫（Larry Wolff）和大衛・沃爾夫（David Wolff）、梅麗莎・范柏格（Melissa Feinberg）、特維科・亞科維納（Tvrtko Jakovina）、阿格妮茲卡・魯德尼卡（Agnieszka Rudnicka）、瑪麗亞・布庫爾（Maria Bucur）、荷莉・凱斯（Holly Case）、安娜・馬切維茲（Anna Machcewicz）、克莉斯蒂・費赫瓦利（Kriszti Fehervary）、卡爾文・麥克倫（Calvin Mackerron）、吉姆・格拉赫（Jim Gerlach）、阿圖爾・德莫霍夫斯基（Artur Dmochowski）、傑夫・科普斯坦（Jeff Kopstein）、彼得・休伯納（Piotr Hübner）、安雅・馬切維茲（Anja Machcewicz）、詹姆士・費拉克（James Felak）、彼得・鮑德溫（Peter Baldwin）、蓋瑞・柯恩（Gary Cohen）、彼得・哈斯林格（Peter Haslinger）、艾瑞克・韋茲（Eric Weitz）、斯塔謝克・奧比雷克（Staszek Obirek）、拉爾夫・耶森

（Ralph Jessen）、尤爾根・科卡（Jürgen Kocka）、奧莫・巴托夫（Omer Bartov）、揚・格拉博夫斯基（Jan Grabowski）、提姆・史奈德（Tim Snyder）、托馬斯・庫特勒、史蒂夫・穆爾（Steve Mull）、盧茨・尼特哈默（Lutz Niethammer）、安娜和路德維克・斯比索維（Anna and Ludwik Spissowie）、米哈爾・科佩切克（Michal Kopeček）、馬丁・普特納（Martin Putna）、瑪格莎・馬祖雷克（Małgosia Mazurek）、托馬斯・格特勒（Thomas Gertler）、彼得・魯班（Peter Luban）、瑪西・修爾（Marci Shore）、波格丹・雅各布（Bogdan Iacob）、弗拉基米爾・提斯莫內努（Vladimir Tismaneanu）、戈西亞・費德利斯（Gosia Fidelis）、凱瑟琳・喬勒克（Katherine Jolluck）、史考特・史密斯（Scott B. Smith）、賈斯汀・史帕克斯（Justin Sparks）、瑪魯什卡・斯瓦什科娃（Maruška Svašková）、布魯斯・伯格倫德（Bruce Berglund）、德克・莫塞斯（Dirk Moses）、山姆・莫因（Sam Moyn）、派翠克・派特森（Patrick Patterson）、李・布萊克伍德（Lee Blackwood）、傑瑞米・金恩（Jeremy King）、布萊德・亞伯拉姆（Brad Abrams）、班・弗洛默（Ben Frommer）、阿爾帕

德・克里默（Árpád von Klimó），以及馬克・凱克－沙貝爾（Mark Keck-Szajbel）。

而在我有幸師法的研究生之中，我想要表彰查德・布萊恩（Chad Bryant）、詹姆士・克拉普夫（James Krapfl）、朱文森（Winson Chu）、伊迪絲・薛弗（Edith Sheffer）、史蒂芬・格羅斯（Stephen Gross）、布萊恩・麥庫克（Brian McCook）、麥可・迪恩（Michael Dean）、泰瑞・雷諾德（Terry Renaud）、安德魯・科恩布魯特（Andrew Kornbluth）、維多利亞・史莫金（Victoria Smolkin）、妮可・伊頓（Nicole Eaton）、安德烈・米利沃耶維奇（Andrej Milivojevic）、莎拉・克蘭賽（Sarah Cramsey）、賀蘭・布魯門塔爾（Helaine Blumenthal）、克拉拉・里昂（Clara Leon）、伊莉莎白・溫格爾（Elizabeth Wenger）、雅各・米卡諾夫斯基（Jacob Mikanowski）、布雷茲・喬爾（Blaze Joel）、威爾・詹金斯（Will Jenkins）、理察・史密斯（Richard Smith）、喬伊・諾伊梅耶（Joy Neumeyer）、莎拉・弗里德曼（Sara Friedman）、丹・培瑞茲（Dan Perez）、傑森・莫頓（Jason Morton）、李・赫金（Lee Hekking）、帕維爾・科斯切爾尼（Paweł Kościelny）、托姆・史利夫科夫斯基（Thom

Sliwkowski）、尤拉・瑪岱－克魯皮茨基（Ula Madej-Krupitski）、哈里森・金恩（Harrison King）、亞歷克斯・索羅斯（Alex Soros），以及阿格妮茲卡・斯梅科夫斯卡（Agnieszka Smelkowska）。

我在柏克萊加大也受益於與數十位同仁的對話，感謝與我討論過本書相關主題的人們：佩姬・安德森（Peggy Anderson）、薇琪・邦奈爾（Vicki Bonnell）、迪克・布克斯鮑姆（Dick Buxbaum）、約翰・艾弗隆（John Efron）、傑瑞・費爾德曼（Gerry Feldman）、維多利亞・弗雷德（Victoria Frede）、格理沙・弗萊汀（Grisha Freidin）、喬治・布勒斯勞爾（George Breslauer）、史蒂芬－路德維希・霍夫曼（Stefan-Ludwig Hoffmann）、大衛・霍林格（David Hollinger）、安德魯・亞諾什（Andrew Janos）、湯姆・拉科爾（Tom Laqueur）、切斯瓦夫・米沃什（Czesław Milosz）、艾瑞克・奈曼（Eric Naiman）、凡妮莎・歐格（Vanessa Ogle）、伊琳娜・帕珀諾（Irina Paperno）、尼克・里亞薩諾夫斯基（Nick Riasanovsky）、迪倫・萊里（Dylan Riley）、丹尼爾・薩金特（Daniel Sargent）、尤里・斯列茲金（Yuri

Slezkine）、奈德・華克（Ned Walker）、傑森・維騰柏格（Jason Wittenberg）、雷吉・澤爾尼克（Reggie Zelnik）、史蒂夫・費雪（Steve Fish），以及彼得・齊諾曼（Peter Zinoman）。我也要特別感謝羅內爾・亞歷山大（Ronelle Alexander）、安德魯・巴謝（Andrew Barshay）和大衛・弗里克（David Frick），我有幸與他們三位共同授課，還有柏克萊加大斯拉夫、東歐和歐亞研究中心的傑夫・潘寧頓（Jeff Pennington）、芭芭拉・沃伊泰克（Barbara Vojtek）、璐安娜・柯利（Louanna Curley）和札克・凱利（Zach Kelly），少了他們的話，就難以想像這本書能夠完成。

普林斯頓大學出版社的艾瑞克・克拉罕（Eric Crahan）、潘蜜拉・韋德曼（Pamela Weidman）和納森・卡爾（Nathan Carr）全都付出驚人努力，引領本書付梓；布莉姬塔・萊茵貝格（Brigitta van Rheinberg）提議了書名，並大方與我分享她對於寫作和思想的智慧。

有些同仁親切地承擔起了閱讀本書部分章節，並提供重要建議的重任：比爾・哈根（Bill Hagen）、泰莎・哈維（Tessa Harvey）、康拉德・雅勞施（Konrad

Jarausch）、諾曼・奈馬克（Norman Naimark）、久里・佩特里（Gyuri Peteri）、布萊恩・波特－蘇卻（Brian Porter-Szücs）、姚阿幸・普特卡默（Joachim von Puttkamer）、布莉姬塔・萊恩貝格、吉姆・席恩（Jim Sheehan）、菲利浦・泰爾（Philipp Ther）和傑森・維騰柏格。我的文字編輯約翰・帕拉泰拉（John Palattella）和文字編輯席德・魏摩蘭（Cyd Westmoreland）兩位的細心閱讀也同樣關鍵，他們為文字增色，從不計其數的大錯中拯救了我（若仍有任何種類的嚴重錯誤，當然是我一人之過）。

特別感謝大衛・柯克斯（David Cox）、安德烈・米利沃耶維奇和帕維爾・科斯切爾尼為本書製作地圖、表格和索引。

最後，感謝我的父母和兄弟們，還有我太太菲奧娜，以及我們的子女尼可、雨果、夏洛特和伊蕾娜，謝謝你們成為我的家人，一起享有這個家。

要是以上內容看來像是一張名單（它確實是），請容我致歉：在此收錄的每一個名字，都是慷慨與啟迪令我珍重的人，至於確切緣故，得至少再寫一本書才能說明。

表A.6　一九五六年至一九六五年，中東歐國家物質生產淨額每年增長率（百分比）

國家	1956～1960	1961～1964
東德	7.1	3.4
波蘭	6.5	6.2
捷克斯洛伐克	7.0	1.9
匈牙利	6.0	4.1
南斯拉夫	8.0	6.9
羅馬尼亞	6.6	9.1
保加利亞	7.0	5.8

出處：Geoffrey Swain and Nigel Swain, *Eastern European since 1945* (New York, 1993), 127.

表A.5　一八九〇年至二〇〇〇年，中東歐國家國民所得
（平均每人國內生產毛額，以一九九〇年國際元計算）

國家	1890	1910	1920	1929	1950	1960	1980	1989	2000
德國	2,428	3,348	2,796	4,051	3,881	7,705	14,114	16,558	18,944
奧地利	2,443	3,290	2,412	3,699	3,706	6,519	13,759	16,360	20,962
波蘭	1,284	1,690	—	2,117	2,447	3,215	5,740	5,684	7,309
捷克斯洛伐克	1,505	1,991	1,933	3,042	3,501	5,108	7,982	8,768	9,320
匈牙利	1,473	2,000	1,709	2,476	2,480	3,649	6,306	6,903	6,772
南斯拉夫	776	973	949	1,256	1,428	2,370	6,297	6,203	4,744
羅馬尼亞	1,246	1,660	—	1,154	1,182	1,844	4,135	3,941	3,047
保加利亞	1,132	1,137	—	1,227	1,651	2,912	6,044	6,216	5,483

出處："Maddison Project Database 2013," https://www.rug.nl/ggdc/historicaldevelopment/maddison/releases/maddison-project-database-2013 (accessed June 15, 2019); Jutta Bolt and Jan Luiten van Zanden, "The Maddison Project: Collaborative Research on Historical National Accounts," *Economic History Review* 67:3 (2014), 627-651.

註：所有數字皆以一九九〇年等值美元為單位計算；保加利亞一八九〇年和一九一〇年的數字，取自一八九九年和一九〇九年；捷克斯洛伐克和南斯拉夫一九二〇年以前與一九八九年以後的數字，則分別是捷克共和國和塞爾維亞的數字。圖示「—」代表資料無法取得。

克羅埃西亞		波士尼亞與赫塞哥維納		塞爾維亞		羅馬尼亞		保加利亞	
1921 年普查		1921 年普查		1921 年普查		1930 年普查		1920 年普查	
克羅埃西亞人	68.9	塞爾維亞人	43.5	塞爾維亞人	80.8	羅馬尼亞人	77.8	保加利亞人	83.4
塞爾維亞人	16.9	波士尼亞人	30.9	阿爾巴尼亞人	10.2	匈牙利人	10.0	土耳其人	11.2
義大利人	6.1	克羅埃西亞人	21.6	弗拉赫人	3.9	羅姆人	1.7	羅姆人	1.3
德意志人	2.9	德意志人	0.9	德意志人	0.1	德意志人	4.4	德意志人	1.0
猶太人	0.1	猶太人	0.6	猶太人	0.2	猶太人	3.2	猶太人	0.9
1948 年普查		1948 年普查		1948 年普查		1949 年普查		1956 年普查	
克羅埃西亞人	79.2	塞爾維亞人	44.3	塞爾維亞人	73.9	羅馬尼亞人	85.7	保加利亞人	85.4
塞爾維亞人	14.4	波士尼亞人	30.7	波士尼亞人	8.15	匈牙利人	9.4	土耳其人	8.6
義大利人	2.0	克羅埃西亞人	23.9	阿爾巴尼亞人	6.64	德意志人	2.2	德意志人	2.5
2011 年普查		2013 年普查		2011 年普查		2011 年普查		2011 年普查	
克羅埃西亞人	90.4	波士尼亞人	50.1	塞爾維亞人	83.3	羅馬尼亞人	88.6	保加利亞人	83.9
塞爾維亞人	4.4	塞爾維亞人	30.8	匈牙利人	3.5	匈牙利人	6.5	土耳其人	9.4
波士尼亞人	0.7	克羅埃西亞人	15.4	波士尼亞人	2.0	羅姆人	3.3	羅姆人	4.7

(gradjansko i vojničko, trajno i prolazno) po veroispovesti," http://pod2.stat.gov.rs/ObjavljenePublikacije/G1921/Pdf/G19214001.pdf（二〇一九年六月十五日瀏覽）；Republički zavod za statistiku, *Popis stanovništva, domaćinstava i stanova 2011 u Republici Srbiji*, vol. 1 (Belgrade, 2012), 14– 15; Comisia Judeţeană Pentru Recensământul Populaţiei şi al Locuinţelor, Judeţul Sibiu, "Comunicat de presă 2 februarie 2012 privind rezultatele provizorii ale Recensământului Populaţiei şi Locuinţelor–2011," (Bucharest, 2012), 10, http://www.recensamantromania.ro/wp– content/uploads/2012/02/Comunicat_DATE_PROVIZORII_RPL_2011.pdf（二〇一九年六月十五日瀏覽）；Natsionalen statisticheski institute, *Prebroyavane na naselenieto i zhilishtnya fond prez 2011 godina (okonchatelnidanni)* (Sofia, 2012), 23.

註：一九三一年的波蘭和一九五〇年的斯洛伐克，盧森尼亞人和烏克蘭人是計算在一起的。一九二一年的南斯拉夫依照宗教信仰計算猶太人的人數；除此之外，族群身分則由母語決定。擁有大量匈牙利人口的弗伊弗迪納省，則不計入塞爾維亞的數字。波士尼亞人是說塞爾維亞－克羅埃西亞語的穆斯林；弗拉赫人則是羅馬尼亞語使用者。

表A.4　一九二〇年代至二〇一〇年代，中東歐各國族群組成，按普查年度分（百分比）

	波蘭		捷克共和國		斯洛伐克		匈牙利	
年代	1931 年普查		1930 年普查		1930 年普查		1920 年普查	
戰間期	波蘭人	68.9	捷克人	67.7	斯洛伐克人	70.4	匈牙利人	83.9
	烏克蘭人	13.9	波蘭人	0.9	匈牙利人	17.2	斯洛伐克人	1.8
	白羅斯人	5.3	斯洛伐克人	0.4	烏克蘭人	2.7	克羅埃西亞人	0.7
	德意志人	2.3	德意志人	28.8	德意志人	4.5	德意志人	6.6
	猶太人	8.6	猶太人	1.4	猶太人	2.0	猶太人	6.0
年代	1950 年普查		1950 年普查		1950 年普查		1949 年普查	
戰後	波蘭人	97.8	捷克人	93.9	斯洛伐克人	86.6	匈牙利人	98.6
	烏克蘭人	0.7	斯洛伐克人	2.9	匈牙利人	10.3	斯洛伐克人	0.3
	德意志人	0.7	德意志人	1.8	盧森尼亞人	1.4	德意志人	0.2
年代	2011 年普查		2011 年普查		2011 年普查		2011 年普查	
現今	波蘭人	98.5	捷克人	64.3	斯洛伐克人	80.7	匈牙利人	85.6
	西利西亞人	1.0	斯洛伐克人	1.4	匈牙利人	8.5	羅姆人	3.2
	德意志人	0.1	未表明	26.0	未表明	7.0	未表明	14.1

出處：Piotr Eberhardt and Jan Owsiński, *Ethnic Groups and Population Changes in Twentieth Century Central– Eastern Europe: History, Data, and Analysis* (New York, 2003); Główny Urząd Statystyczny, *Struktura narodowo– etniczna, językowa I wyznaniowa ludności Polski: Narodowy spis powszechny ludności I mieszkań 2011* (Warsaw, 2015); Český statistický úřad, "Obyvatelstvo podle národnosti podle výsledků sčítání lidu v letech 1921– 2011," https://www.czso.cz/documents/10180/45948568/130055170016.pdf/7def9876– 5651– 4a16– ac13– 01110eef9f4b?version=1.0（二〇一九年六月十五日瀏覽）；Štatistický úrad Slovenskej Republiky, "TAB. 115 Obyvateľstvo podľa pohlavia a národnosti, Sčítanie obyvateľov, domov a bytov 2011." http://census2011.statistics.sk/tabulky.html（二〇一九年六月十五日瀏覽）；Központi Statisztikai Hivatal, *2011 Évi népszámlálás*, vol. 3, Országos adatok (Budapest, 2013), 67; Državni zavod za statistiku Republike Hrvatske, "Popisa stanovništva, kućanstava i stanova, Stanovništvo prema državljantsvu, narodnosti, maternjem jeziku I vjeri" (Zagreb, 2012), 11; Agencija za statistiku Bosne i Hercegovine, *Popis stanovništva, domaćinstava i stanova u Bosni i Hercegovini, juni 2013* (Sarajevo, 2013), 54; Bogoljub Kočović, *Etnički I demografski razvoj u Jugoslaviji od 1921 do 1991 godine* (Paris, 1998); "Ukupno stanovništvo

表A.3　一九三〇年至一九九〇年代，中東歐各國不識字率（十五歲以上人口百分比）

國家	1930年代	1940年代	1950年代	1960年代	1970年代	1980年代	1990年代
波蘭	25	—	6	5	2	1	1
捷克斯洛伐克	4	—	3	—	—	—	—
匈牙利	10	6	5	3	2	1	1
南斯拉夫	46	27	27	24	17	10	7
羅馬尼亞	45	—	11	—	—	—	3
保加利亞	34	24	16	10	—	—	2

出處：UNESCO, *Progress of Literacy in Various Countries: A Preliminary Statistical Study of Available Census Data since 1900* (Paris, 1953); UNESCO, *Division of Statistics on Education, Compendium of Statistics on Illiteracy*, Statistical Reports and Studies, 31 (Paris, 1990); UNESCO, *Division of Statistics on Education, Compendium of Statistics on Illiteracy*, Statistical Reports and Studies, 35 (Paris, 1995)。

註：數字統計範圍是十五歲以上人口，但一九三〇年捷克斯洛伐克除外（十歲以上）；一九三〇年、一九五〇年和一九六〇年波蘭，一九三〇年和一九五六年羅馬尼亞，則統計十四歲以上人口。一九九一年南斯拉夫的數字排除斯洛維尼亞和克羅埃西亞，根據一九九五年《不識字率統計資料匯編》，這兩地十五歲以上人口的不識字率都低於百分之三點三。圖示「—」代表資料無法取得。

附錄

表A.2　一九一〇年至一九九〇年，中東歐國家從事農林及相關活動人口（百分比）

國家	1910	1920	1930	1950	1960	1970	1980	1990
德國	35	31	33	25	13	7	5	3
奧地利	40	40	38	34	24	15	10	8
波蘭		64	60	58	48	39	29	25
捷克斯洛伐克	40	40	33	39	26	17	13	13
匈牙利	64	56	51	52	38	25	18	15
南斯拉夫	80	79	76	73	64	50	32	21
羅馬尼亞	78	78	72	72	64	49	31	24
保加利亞	78	78	75	73	57	35	18	13

出處：一九一〇年取自：Ivan T. Berend and György Ránki, *The European Periphery and Industrialization, 1780–1914* (Cambridge, 1982), 159；David Turnock, *Eastern Europe: An Historical Geography, 1815–1945* (London, 1989), 104。一九二〇年取自：Derek Aldcroft and Steven Morewood, *Economic Change in Eastern Europe since 1918* (Aldershot, England, 1995), 18；Dušan Milijković, ed., *Jugoslavia 1918–1988: Statistički Godišnjak* (Belgrade, 1989), 39。一九三〇年取自：Dudley Kirk, *Europe's Population in the Interwar Years* (New York, 1968), 200；Wilbert Moore, *Economic Demography of Eastern and Southern Europe* (Geneva, 1945), 26, 35。一九五〇年至一九八〇年取自：International Labour Office, *Economically Active Population Estimates and Projections, 1950– 2025*, vol. 4 (Geneva, 1986), 160–170。一九九〇年取自：Alexander Klein, Max–Stephen Schulze, and Tamás Vonyó, "How Peripheral Was the Periphery? Industrialization in East Central Europe since 1870," in *The Spread of Modern Industry to the Periphery since 1871*, Kevin H. O'Rourke and Jeffery Gale, eds. (Oxford, 2017), 76。德國取自：Johan Swinnen, *The Political Economy of Agricultural and Food Policies* (New York, 2018), 72。

註：一九一〇年和一九二〇年保加利亞與羅馬尼亞的數字，在前引史料中記為範圍（百分之七十五到七十八）。一九一〇年捷克斯洛伐克的數字，乃是依據波希米亞－摩拉維亞和斯洛伐克（分別為百分之三十四和百分之六十一），南斯拉夫則依據塞爾維亞和克羅埃西亞－斯拉沃尼亞（分別為百分之八十二和百分之七十九）。

143 and passim。

38. 這份洞見是文學史家克莉絲汀·羅斯（Kristin Ross）主張的一種變體，她研究一九六八年五月運動時，把那一年當成古巴與印度支那民族解放鬥爭、匈牙利與捷克斯洛伐克反官僚鬥爭，以及歐洲和北美的帝國本土反資本主義、反威權鬥爭三者的交集，藉此將法國置於更廣義的三個「世界」焦點之上：Kristin Ross, *May '68 and Its Afterlives* (Chicago, 2002), 19。關於那篇致編輯函，參看：Béla Liptak, "Hungary's Plight," *New York Times*, January 4, 2019。

1992), 24, 32–33. 關於語言何以比起其他與之競爭的自我認同選項，更能有力地吸引人們加入民族共同體，參看：Gale Stokes, "Cognition and the Function of Nationalism," *Journal of Interdisciplinary History* 4:4 (1974), 536–538。

33. Edward W. Said, *Orientalism* (New York, 1977), 137.
34. 但安德森用以理解中東歐的主要參考書卻沒有錯失這點：奧斯卡・賈希（Oszkár Jászi）《哈布斯堡帝國的解體》（*The Dissolution of the Habsburg Monarchy*）將一七八〇年代描述為新紀元（該書頁 70），因為約瑟夫二世誤解了民族演化的心理學。他要怎麼誤解那時還不存在的事物？
35. 關於波希米亞，參看：Eugen Lemberg, *Nationalismus*, vol. 1 (Reinbek, 1964), 136。民族主義與工業化之間缺乏明確關聯，參看：Miroslav Hroch, *European Nations: Explaining Their Formation* (London, 2015), 95。
36. 安德森寫道：「印刷資本主義賦予了語言一種新的固定性格」，它創造出「和舊的行政方言不同種類的行政語言」。Benedict Anderson, *Imagined Communities: Reflections on the Origin and Spread of Nationalism* (New York, 1991), 44–45. 實際上的事態發展卻獨立於資本主義之外，行政當局引進了官方語言，志士們則動員起來對抗官方語言。他說印刷語言的固定多半是「無意識過程」，實情卻恰好相反。正如傑夫・伊利所述：「與其說語言是民族的優先決定因素，它更是文化創造的複雜過程之一環。」"Nationalism and Social History," *Social History* 6:1 (1981), 91.
37. 而不被古代遺產給震懾。Anderson, *Imagined Communities*, 68–69. 關於普遍的啟蒙概念在東歐各地一如預期變得民族化的方式，參看：Balázs Trencsényi et al., *A History of Modern Political Thought in East Central Europe*, vol. 1 (Oxford, 2016),

試圖表明他們的捷克性，而先後變得更加反對德意志。Jeremy King, *Budweisers into Czechs and Germans: A Local History of Bohemian Politics, 1848–1948* (Princeton, NJ, 2002), 86. 關於這個行為準則的普遍想像，及豐富參考書目，也參看：Judson, *Guardians*, 9。

26. 但就連開明的厄特沃什，將文化權利擴及匈牙利王國境內的少數族群，都只是一種緩解他們反對的方法：他毫不懷疑，匈牙利王國每一位公民的最終命運，都是要在文化上成為馬扎爾人，因為他們終究會發現馬扎爾人的魅力不可抗拒。Andreas Moritsch, *Ein verfrühtes Konzept zur politischen Neugestaltung Mitteleuropas* (Vienna, 1996), 94.
27. Christian Braun, *Vom schwierigen Umgang mit Massengewalt* (Wiesbaden, 2016), 95–96.
28. 參看：Hislope, "*Intra–ethnic Conflict"; Nina Caspersen, Contested Nationalism: Serb Elite Rivalry in Croatia and Bosnia in the 1990s* (New York, 2010)；Ivan Grdešić et al., *Hrvatska U Izborima '90* (Zagreb, 1991)。承蒙安德烈・米利沃耶維奇提供參考書目。
29. 約克大學的賈斯敏・穆亞諾維奇（Jasmin Mujanović）如此估計。Elizabeth Zerofsky, "The Counterparty: Can Bosnia Escape the Stranglehold of Ethnic Politics?" *Harpers*, December 2015.
30. 柯爾的操弄摧毀了多年來促成德國與波蘭相互理解的認真努力，德國人不可信任的觀念因此在波蘭獲得可信度。Helga Hirsch, "Geprägt von Krieg und Geschichte," *Die Zeit*, April 6, 1990.
31. Árpád von Klimó, "Nation, Konfession, Geschichte," 293–294 and passim.
32. Eric Hobsbawm, *Nations and Nationalism since 1780* (Cambridge,

18. 瑪麗亞・圖萊斯卡（Maria Turlejska）的論點，由耶濟・霍爾澤（Jerzy Holzer）憶述。Joanna Szymoniczek and Eugenuisz Cezary Król, eds., *Rok 1956 w Polsce I jego rezonans w Europie* (Warsaw, 2009), 311.
19. István Zimonyi, *Muslim Sources on the Magyars in the Second Half of the Ninth Century* (Leiden, 2016), 185; Theodore Duka, "The Ugor Branch of the Ural–Altaic Family of Languages," *Journal of the Royal Asiatic Society of Great Britain and Ireland* 21 (1889), 627.
20. 非洲薩赫爾（Sahel）區域的情況類似：「薩赫爾知識人普遍將家譜重組，藉由提及外國起源，為貴族的社會地位辯護。」Hall, *History of Race*, 40.
21. Lucian Boia, *History and Myth in Romanian Consciousness* (Budapest, 2001), 43.
22. "Playing the Last Hour in the Life of Hemingway," *San Francisco Examiner*, August 21, 1977.
23. 理由是他取笑一群納粹要人，其中包括羅伯・卡爾滕布倫納（Robert Kaltenbrunner）和奧圖・斯科茲尼（Otto Skorzeny）。Heike Specht, *Curd Jürgens: General und Gentleman: Die Biographie* (Berlin, 2015).
24. George Barany, *Stephen Széchenyi and the Awakening of Hungarian Nationalism* (Princeton, NJ, 1968), 225.
25. C. A. Macartney, *The Habsburg Empire 1790–1918* (London, 1969), 732. 應用於南斯拉夫疆域的側翼概念，參看：Robert Hislope, "Intra–ethnic Conflict in Croatia and Serbia: Flanking and the Consequences for Democracy," *East European Quarterly* 30:4 (Winter 1996), 471–494。傑瑞米・金恩（Jeremy King）也提到一八九〇年代波希米亞的這個現象，老年和青年捷克人

Judson, *Guardians of the Nation* (Cambridge, MA 2006), 176; Ernest Gellner, *Encounters with Nationalism* (Oxford, 1994), 60。

10. 對這個主題有用的史料清單，參看：Bruce S. Hall, *A History of Race in Muslim West Africa* (Cambridge, 2012), 12。
11. John Efron, *Defenders of the Race: Jewish Doctors and Race Science in Fin–de–Siècle Europe* (New Haven, CT, 1994); Aleksander Hertz, *The Jews in Polish Culture* (Evanston, IL, 1988), 15–17.
12. 我讀過波蘭高等教育界和波蘭媒體內部成千上萬頁各種各樣的戰後通信之後，得出這個結論。但在比鄰而居的猶太公民突然消失的東歐其他地方也是一樣。
13. 捷克人在戰時就開始對猶太人可能返回表示擔憂，參看：Hana Kubátová and Jan Lániček, *The Jew in Czech and Slovak Imagination 1938–89* (Leiden, 2018)。但這並不意味著對德國在戰爭中的立場有任何支持之意，這些言論同樣充滿了反德國的敵意。
14. 德國藝術家君特·德姆尼希的「絆腳石」（Stolpersteine）創作，是在猶太人曾經居住過的房屋前人行道上鑲嵌紀念銅牌，這項計畫也輸入捷克共和國；如今也有在地團體支持這項倡議。
15. 納粹和共產黨人都以一套對於歐洲的論述吸引東歐人民。東德媒體慣於提醒閱聽人，三分之二的歐洲奉行社會主義；戈巴契夫則談論著歐洲共同家園。
16. Yuri Slezkine, *The House of Government: A Saga of Russian Revolution* (Princeton, NJ, 2017).
17. 關於德意志民主共和國的這種觀點之精練陳述，參看：Jeffrey Kopstein, *The Politics of Economic Decline in East Germany* (Chapel Hill, NC, 1997)。

Began to Hate (Oxford, 2000), 7。民族冷感可能成為民族認同之替代選擇的論證，參看：Tara Zahra, "Imagined Non–Communities: National Indifference as a Category of Analysis," *Salvic Review* 69:1 (2010), 93–119。

2. Giuseppe Mazzini, "On the Slavonian National Movement," *Lowe's Edinburgh Magazine*, July 1847, 189.
3. Chad Bryant, *Prague in Black: Nazi Rule and Czech Nationalism* (Cambridge, MA, 2009). 關於將民族冷感轉化為民族認同意識的努力，絕佳的研究著作參看：Pieter Judson, *Guardians of the Nation: Activists on the Language Frontiers of Imperial Austria* (Cambridge, MA, 2006); Jeremy King, *Budweisers into Czechs and Germans: A Local History of Bohemian Politics* (Princeton, NJ, 2002); Tara Zahra, *Kidnapped Souls: National Indifference and the Battle for Children in the Bohemian Lands* (Ithaca, NY, 2008)。
4. Miroslav Hroch, *Na prahu národni existence: touha a skutečnost* (Prague, 1999), 59. 弗朗蒂塞克・格勞斯（František Graus）等學者將這點追溯到更早之前。*Die Nationenbildung der Westslawen im Mittelalter* (Sigmaringen, 1980).
5. 最後一點參看：Henry Ashby Turner, *Hitler's Thirty Days to Power* (New York, 1996)。
6. 這些時刻並非全無異議。比方說，六名殺手受訓刺殺費迪南大公，這使得其中至少一人可能得手；約瑟夫二世即位之前，也已蒐集資料和構想多年。
7. Max Weber, "The Logic of Historical Explanation," in *Weber: Selections in Translation*, W. G. Runciman, ed. (Cambridge, 1978), 118.
8. 亦即歷史可能往不同方向發展的那一刻。
9. 民族與民族認同皆屬「偶然」現象的論證，參看：Pieter

85. 二〇〇二年三月二十三日演說，見於：http://2001–2006.orbanviktor.hu/angol/hir.php?aktmenu=o&id=384 (accessed December 3, 2016)。

86. "Four More Years," *The Economist*, April 5, 2014, available at http://www.economist.com/news/europe/21600169–viktor–orban–heads–third–termand–wants–centralise–power–four–more–years。

87. 參看：http://www.rferl.org/content/ukraine–hungarian–minority–autonomy/ 25412593.html (accessed December 3, 2016)。

88. Frances Coppola, "The Bulgarian Game of Thrones," *Forbes*, July 15, 2014.

89. 參看：http://seekingalpha.com/article/2296535–bulgarias–strange–bank–run (accessed December 3, 2016)。

90. Max Rivlin–Nadler, "Think the E.U. Is Great for Eastern Europe," *New Republic*, December 16, 2013.

結論

1. 「民族主義或許在群體情境下挑起了激情……但事件一結束，更為平凡的關切取而代之，民族主義也就往往從中心地位退下。」Judson, *Habsburg Empire*, 10; Rogers Brubaker et al., *Nationalist Politics and Everyday Ethnicity in a Transylvanian Town* (Princeton, NJ, 2006). 民族在波希米亞的偶然性，參看：Jeremy King, "The Nationalization of East Central Europe: Ethnicism, Ethnicity, and Beyond," in *Staging the Past: The Politics of Commemoration in Habsburg Central Europe, 1848 to the Present*, Nancy Wingfield and Maria Bucur, eds. (West Lafayette, IN, 2001), 112–152。民族主義只在十九世紀晚期才開始「仇恨」的論證，參看：Brian Porter, *When Nationalism*

78. 二〇〇二年，由於斯洛伐克政府給予福斯汽車長達十年的免稅期，被控提供過多國家補貼，西班牙一度試圖延遲斯洛伐克加入歐盟。但在二〇〇二年十月二十四日，西班牙在加盟會議開始前二十分鐘撤銷了否決權。Mikael Lönnborg, Mikael Olsson, and Michael Rafferty, "The Race for Inward FDI in the Baltic States," in *European Union and the Race for Foreign Direct Investment in Europe*, Lars Oxelheim and Pervez Ghauri, eds. (Amsterdam, 2004), 338.
79. Vachudova, "Democratization," 5, 24. 歐洲大陸的民主化則是例外，葡萄牙、西班牙和希臘的轉型和鞏固得到支持，應歸功於加入歐盟。
80. "Meeting on Greek Debt Produces an Ultimatum," *New York Times*, February 17, 2015.
81. "Putin Offers Hungary Natural Gas Deal," *Wall Street Journal*, February 17, 2015, available at http://www.tagesschau.de/ausland/putin–ungarn–101.html (accessed December 3, 2016).
82. Árpád von Klimó, "Trianon und der Diskurs über nationale Identität in Rumpf–Ungarn," in *Die geteilte Nation. Nationale Verluste und Identitäten im 20. Jahrhundert*, Andreas Hilger and Oliver von Wrochem, eds. (Munich, 2013), 11.
83. 二〇一五年二月七日，在第五十一屆慕尼黑安全會議上的演說。拉夫羅夫提到「基輔當局據稱虐待匈牙利裔少數族群，俄國援引此事作為支援烏克蘭叛軍的理由」。Alison Smale, "Crisis in Ukraine Underscores Opposing Lessons of Cold War," *New York Times*, February 9, 2015.
84. 二〇一四年五月十六日演說，見於：http://www.reuters.com/article/2014/05/17/us–ukraine–crisis–hungary–autonomy–idUSBREA4G04520140517 (accessed December 3, 2016)。

67. Marián Leško, *Mečiar a mečiarizmus: politik bez škrupúl, politika bez zábran* (Bratislava, 1996), 56. 他的民意支持度在一九九一年三月達到九成的高峰。

68. Bunce and Wolchik, "Defining and Domesticating," 138.

69. 他也和民族主義的斯洛伐克民族黨結盟：http://www.zrs.zvolen.szm.com (accessed February 20, 2015)。

70. 但梅恰爾也害怕，遵從歐盟和北約的要求將會摧毀他的政府。Ivo Samson, "Slovakia: Misreading the Western Message," in *Democratic Consolidation in Eastern Europe*, Jan Zielonka and Alex Pravda, eds., vol.2, (Oxford, 2001), 363–382.

71. Stephen R. Grand, *Understanding Tahrir Square: What Transitions Elsewhere Can Teach Us about the Prospects for Arab Democracy* (Washington, DC, 2014), 43.

72. Rodger Potocki, "Slovakia's Election: Outcomes and Consequences," available at http://www.wilsoncenter.org/publication/167–slovakias–elections–outcomes–and–consequences (accessed December 3, 2016)。

73. 此舉及OK'98（公民運動九八）等其他行動，導致首投族投票率達到八成。Bunce and Wolchik, "Defining and Domesticating," 146.

74. 斯洛伐克與俄國的軍事合作，一九九九年在祖林達政府任內終止。Rüdiger Kipke, "Das politische System der Slowakei," in *Die politischen Systeme Osteuropas*, Wolfgang Ismayr, ed., second ed., (Opladen, 2004), 315.

75. Fedorová, "Effectiveness," 52.

76. Vachudova, "Democratization," 18–19.

77. 羅馬尼亞社會民主黨一九九二年由揚・伊列斯古創辦，為救國陣線的分支。Vachudova, "Democratization," 25.

Petrova, “A Post–Communist Transition,” 124。

56. Petrova, “A Post–Communist Transition,” 117, 119; Crampton, *Concise History*, 234.
57. Ekaterina Balabanova, *Media, Wars, and Politics: Comparing the Incomparable in Western and Eastern* (Aldenshot, UK, 2013), 99–101.
58. Petrova, “A Post–Communist Transition,” 108, 120.
59. Bunce and Wolchik, “Defining and Domesticating,” 134.
60. 一九九九年，歐盟在《東南歐穩定公約》（*Stability Pact for Southeastern Europe*）中，將加入歐盟的機會明訂為歐盟對巴爾幹半島西部各國外交政策的「基礎」。Vachudova, “Democratization,” 8.
61. Fedorová, “Effectiveness,” 40. 「被動影響力」一詞出自米拉達・瓦楚多娃（Milada Vachudova），其定義為「歐盟僅憑其存在及慣常舉止，即對可靠候選國的內政產生引力」。Milada Vachudova, *Europe Undivided: Democracy, Leverage, and Integration after Communism* (Oxford, 2005), 65.
62. Fedorová, “Effectiveness,” 42.
63. Petrova, “A Post–Communist Transition,” 108.
64. 德國當局懷疑小科瓦奇涉嫌詐欺。這次事件的調查員發現自己的座車被燃燒彈攻擊。Bunce and Wolchik, “Defining and Domesticating,” 143. 采諾古爾斯基的這段軼聞，取自：Marci Shore, *The Taste of Ashes: The Afterlife of Totalitarianism in Eastern Europe* (New York, 2013), 99。
65. 綁架案據推測是要讓科瓦奇總統蒙羞，梅恰爾想把科瓦奇趕下台。Sharon Fisher, “Slovakia Heads toward International Isolation,” in *Transition* 3:2 (1997), 23.
66. Fedorová, “Effectiveness,” 47–48.

召集到布加勒斯特，以鎮壓他所謂的法西斯叛亂，也就是學生和反對陣營的群眾集會。七千名礦工洗劫反對陣營總部，不分青紅皂白毆打路人；警方也出手驅散示威群眾，至少造成四人死亡。*New York Times*, June 15, 1990; Dennis Deletant, *Ceauşescu and the Securitate: Coercion and Dissent in Romania* (Armonk, NY, 1997), 397.

47. 清楚明瞭的解釋參看：Lenka Fedorová, *The Effectiveness and Limits of EU Conditionality: Changing Domestic Policies in Slovakia (1989–2004)* (Berlin, 2011), 40。
48. Ther, *Neue Ordnung*, 156–159.
49. Ther, *Neue Ordnung*, 163–164.
50. 維德諾夫畢業於普羅夫迪夫英語學校，當選總理時三十五歲。獵戶座集團在維德諾夫就職後創辦了保加利亞農工銀行，結果該行詐騙農民的積蓄。獵戶座集團成員則前往國外，在南非過著舒適的退休生活。Venelin I. Ganev, *Preying on the State: The Transformation of Bulgaria after 1989* (Ithaca, NY, 2007), 78.
51. Milenko Petrovic, *The Democratic Transition of Post–Communist Europe: In the Shadow of Communist Differences and Uneven Europeanization* (New York, 2013), 27.
52. Tsveta Petrova, "A Post–Communist Transition in Two Acts," in *Democracy and Authoritarianism in the Postcommunist World*, Valerie Bunce et al., eds. (Cambridge, 2009), 113–115.
53. Crampton, *Concise History*, 234; Petrova, "A Post–Communist Transition," 127.
54. 儘管總理握有實權，這場選舉卻被呈現為民主力量聯盟對決社會主義者及其第三條道路，由公民投票決定。Petrova, "A Post–Communist Transition," 119.
55. 只有百分之十五的人民對這些事件抱持負面觀感，參見：

(Cambridge, 2011), 324–326.

40. 艾利森・斯坦格引述勞埃德・卡特勒（Lloyd Cutler）和赫曼・史瓦茲（Herman Schwartz）的研究，如此寫道：「全世界其他地方都沒有哪個民主政府中『立法機構的相對少數群體能有這麼強大的阻止能力。』」Stanger, "Leninist Legacies, " 199.
41. Abby Innes, *Czechoslovakia: The Short Goodbye* (New Haven, CT, 2001), 209.
42. " 'Wir haben die Nase voll von Prag!' und 'Fort mit dem tschechischen Kolonialismus!' " *Der Spiegel*, September 30, 1991. 斯洛伐克的經濟包含更多重工業，其中多半為不具競爭力的軍工業。這點當然更加重了斯洛伐克人被剝削的感受。外國直接投資也落後於他國；Bunce and Wolchik, "Defining and Domesticating," 139–140。
43. 定居於烏克蘭的波蘭人很少也有幫助。Timothy Snyder, *The Reconstruction of Nations: Poland, Ukraine, Lithuania, Belarus, 1569–1999* (New Haven, CT, 2003), 220–231.
44. 參看他的歌曲〈我們不要對德國人太壞〉（Don't Let's Be Beastly to Germans），*The Noel Coward Reader*, Barry Day, ed. (New York, 2011), 440。
45. Milada Vachudova, "Democratization in Postcommunist Europe: Illiberal Regimes and the Leverage of International Actors," *Center for European Studies Working Paper Series* 139 (Cambridge, MA, 2006), 5.
46. 救國陣線曾在一九八九年十二月二十二日發布聲明，表示希望「加入統一歐洲的建立過程，這是歐洲大陸全體人民的共同家園」。Dimitris Papadimitriou and David Phinnemore, *Romania and the European Union: From Marginalization to Membership* (London, 2008), 66. 一九九〇年六月，揚・伊列斯古總統把礦工

b_914383.htm (accessed December 20, 2018).

31. Andor, *Hungary on the Road*, 62–64.

32. Ther, *Neue Ordnung*, 100–101, 120.

33. 世界銀行的一項調查斷言，波蘭和捷克斯洛伐克一開始的貨幣貶值，比起維持波蘭和捷克貨品購買力平價所需的程度大了四倍。Ivan T. Berend, *From the Soviet Bloc to the European Union: The Economic and Social Transformation of Central and Eastern Europe since 1973* (Cambridge, UK, 2009), 67.

34. "Unfinished Czech Reforms," *New York Times*, December 2, 1997; Ther, *Neue Ordnung*, 99. 最晚到了一九九九年，「被溺愛產業」的六成勞動力自一九八九年以來都沒換過工作。"Little to Cheer About," *Time*, November 29, 1999.

35. 那年秋天隨之發生的是經濟成長停滯、失業率升高和貨幣劇烈貶值。*The Economist*, December 4, 1997. 較簡單的「掏空」方法之一，是由公營公司的管理層以不合常理的低價，將資產全部轉賣給第二家公司，而第一家公司的股東通常也擁有第二家公司。Jonathan Stein, "Between Stagnation and Integration," in *Holding the Course: Annual Survey of Eastern Europe and the Soviet Union*, Peter Rutland, ed. (Armonk, NY, 1999), 74.

36. 「資產掏空多半由管控不善的投資基金進行，這些基金的設置，則是為了集中持有一九九四年『憑證』私有化完成時，參與的六百多萬成年公民所分得的名義持股。」Stein, "Between Stagnation and Integration," 75.

37. "Unfinished Czech Reforms," *New York Times*, December 2, 1997.

38. Ther, *Neue Ordnung*, 172–173.

39. 一九六八年十月的聯邦法案，是一九六〇年憲法的修正案。Josef Žatkuliak, "Slovakia's Position within the Czecho–Slovak Federation," in *Slovakia in History*, Mikuláš Teich et al., eds.

(Cambridge, 2002); Ther, *Neue Ordnung*, 91. 他們得到了百分之五十四點一得票率，占多數，但他們仍決定與自由民主黨人結盟。

21. 此舉由新任財政部長格里高茲・科沃德科（Grzegorz Kołodko）施行。Millard, *Polish Politics*, 153. 民主左翼聯盟得票率百分之二十左右，帕夫拉克的農民黨則有百分之十五。
22. 例如格但斯克造船廠工人可獲得四成無償股分；維朵巧克力工廠（Wedel Chocolate）的工人則是一成。民主左翼聯盟、波蘭農民黨和反對陣營之間，以及各黨內部的不同行動者，在一九九七年推動商業化法案之前，有過許多協商和交易。工人當然期望從持股中獲益。Millard, *Polish Politics*, 154.
23. 萊萬多夫斯基生於一九五一年。他在二〇一〇年至二〇一四年間出任歐盟財稅計畫與預算委員。
24. 引自：Millard, *Polish Politics*, 155。儘管如此，他仍痛斥政府延遲私有化。
25. 民主左翼聯盟由中間偏左政黨結盟組成，包括先前的官方工會在內。Grzymala–Busse, "Redeeming the Communist Past," 157–181.
26. 最低額度依據家戶所得、子女人數等資訊估算。Millard, *Polish Politics*, 157.
27. 據估計，一九九八年時，一名剛開業的理髮師營業所得更多於一名門診部醫師。Millard, *Polish Politics*, 157.
28. 這是因應三十億美元的嚴重國際收支逆差，使得匈牙利產品更具吸引力、外國產品則更昂貴。
29. 一九九七年以後。Andor, *Hungary on the Road*, 65.
30. Donald Blinken, "Privatization Helps: The Hungarian Example," *Huffington Post*, July 31, 2011. Available at http://www.huffingtonpost.com/donald–blinken/privatization–helps–the–h_

Dritten Republik Polen 1989 bis 2005, Andreas Hoffmann, transl. (Wiesbaden, 2010), 198–200.

12. Philipp Ther, *Die neue Ordnung auf dem alten Kontinent: Eine Geschichte des neoliberalen Europa* (Berlin, 2014), 93.
13. 此即以時任財政部長為名的博克羅斯撙節政策（Bokros austerity package）。參看下文。László Andor, *Hungary on the Road to the European Union* (Westport, CT, 2000), 63.
14. Agnieszka Stawariarska, "21 lat temu dopiero były podwyżki," *Gazeta Lubelska*, March 14, 2011; Agnieszka Stawariarska, "Obwieszczenie prezesa glównego urzędu statystycznego z dnia 7 lutego 1990 r. w sprawie przeciętnego wynagrodzenia miesięcznego w gospodarce uspołecznionej w 1989 r.," *Monitor Polski* 5 (1990), 40, 44.
15. Ther, *Neue Ordnung*, 91; Frances Millard, *Polish Politics and Society* (London, 1999), 152, 155.
16. 這些是《馬斯垂克條約》（*Maastricht criteria*）為有意加入歐洲經濟暨貨幣聯盟第三階段，並採用歐元為該國貨幣的國家所規定的趨同標準。Millard, *Polish Politics*, 153.
17. Ther, *Neue Ordnung*, 93.
18. 他曾任教於馬克思列寧主義研究所，一九八一年實施戒嚴之後退出波蘭統一工人黨。對政府經濟政策的批評，參看：Tadeusz Kowalik, *From Solidarity to Sellout: The Restoration of Capitalism in Poland*, Eliza Lewandowska, trans. (New York, 2011); David Ost, *The Defeat of Solidarity* (Ithaca, NY, 2005)。
19. Eva Hoffman, *Exit into History: A Journey through the New Eastern Europe* (New York, 1993), xv, 67.
20. Anna Grzymala–Busse, *Redeeming the Communist Past: The Regeneration of Communist Parties in East Central Europe*

得不尋常的政治表現——為民主治理的品質提供了好預兆。」Bunce, "The Political Transition," 42.

7. 某些人斷言，這樣的失敗減弱了憲法和後共產政府體制的正當性。參看：András Körösényi, *Government and Politics in Hungary* (Budapest, 1999), 145。

8. 一九八九年四月和十二月的修憲，也刪除了波蘭統一工人黨為「社會上政治領導力量」的增修條文，它原先是一九五二年憲法第三條。參看："Konstytucja Polskiej Rzecypospolitej Ludowej uchwalona przez Sejm Ustawodawczy w dniu 22 lipca 1952 r." and "Ustawa z dnia 29 grudnia 1989 r. o zmianie Konstytucji Polskiej Rzeczypospolitej Ludowej," available at http://isap.sejm.gov.pl (accessed November 29, 2016).

9. 二〇一〇年以後，維克多・奧班的青年民主聯盟，修訂了有利於他們把持權力的新憲法。正如艾利森・斯坦格（Allison Stanger）描寫匈牙利這個看似「新興民主政治體系」建立的成功案例，這樣的結局其實早就可以預期，「關鍵問題在於，當繁榮衰退，或是某一特定國家所嵌入的國際體系歷經重大變遷之時，這樣一個體系能有多麼持久」。Allison Stanger, "Leninist Legacies and Legacies of State Socialism in Postcommunist Central Europe's Constitutional Development," in Ekiert and Hanson, *Capitalism and Democracy*, 204.

10. 參看：Robert Brier, "The Roots of the 'Fourth Republic': Solidarity's Cultural Legacy to Polish Politics," *East European Politics and Societies* 23:1 (February 2009), 63–85。

11. 反觀維克多・奧班的青年民主聯盟得到了多數支持，而得以改寫憲法。法律與正義黨在二〇〇五年國會選舉，只得到百分之三十三點七普選票，與其盟友合計仍無法達到修憲所需的三分之二得票門檻。Andrzej Chwalba, *Kurze Geschichte der*

27. 東歐加入歐洲

1. 這些政權也被稱為競爭性威權（competitive authoritarian）或半威權（semi–authoritarian）政體。烏克蘭也屬於這個範疇。
2. Padraic Kenney, *The Burdens of Freedom: Eastern Europe since 1989* (London, 2006), 114–122; Sharon L. Wolchik and Jane L. Curry, "Democracy, the Market, and the Return to Europe: From Communism to the European Union and NATO," in *Central and East European Politics from Communism to Democracy*, Sharon L. Wolchik and Jane L. Curry, eds. (New York, 2011), 5–6. 對「逐步民主化」的描述，參看：Valerie Bunce, "The Political Transformation," in Wolchik and Curry, *Central and East European Politics*, 33–35。
3. Bunce, "The Political Transformation," 40–41; Grzegorz Ekiert, "Patterns of Postcommunist Tranformation in Central and Eastern Europe," in *Capitalism and Democracy in Central and Eastern Europe: Assessing the Legacy of Communist Rule*, Grzegorz Ekiert and Stephen Hanson, eds. (Cambridge, 2003), 89–119; Kenney, *Burdens of Freedom*.
4. 在捷克採取的私有化過程中，資產掏空成為可能，肆無忌憚的新持有者能夠將資產變現，「掏空」到外國銀行帳戶；捷克也以敵視辛提人和羅姆人而聞名，尤其在拉貝河畔烏斯季（Ústí nad Labem），該市當局採取行動圈禁當地吉普賽人口。
5. 丹克沃特．羅斯托（Dankwart Rustow）的觀點，摘要於：Bunce, "The Political Transformation," 38。
6. 瓦萊麗．龐斯（Valerie Bunce）寫道：「至少在中歐和東歐，邁向民主的急速進展似乎取決於一股動力，共產時期反對勢力的有力發展，在此隨著一黨專政終結，轉換成了首次選舉中強大

57. 引自：Mark Danner, "Operation Storm," *New York Review of Books*, October 22, 1998.
58. 炮轟市集的死亡人數從三十七到三十八人不等。到了二〇〇三年五月，斯雷布雷尼察大屠殺的死難者屍體已挖出五千多具。Ramet, *Three Yugoslavias*, 460, 703.
59. George Packer, *Our Man: Richard Holbrooke and the End of the American Century* (New York, 2019).
60. Dabibor Bjelitsa, ed., *Prostorni plan Republike Srpske do 2015* (Banja Luka, 2008), 67, 69.
61. 一九九九年六月由柯林頓總統闡述的原則：「我們應當阻止無辜平民因其種族、族群背景或敬神方式，而遭受屠殺和大規模流亡。」吉姆・萊勒（Jim Lehrer）專訪，一九九九年六月十一日，取自：http://clinton6.nara.gov/1999/06/1999–06–11–pbs–interview–of–the–president.html (accessed November 30, 2016)。
62. 保安部隊和祕密警察是另外兩根支柱。Thomas E. Ricks, "Clinton Edges Closer to Supporting the Use of Ground Troops in Kosovo," *Wall Street Journal*, April 23, 1999.
63. Valerie Bunce and Sharon Wolchik, "Defining and Domesticating the Electoral Model: A Comparison of Slovakia," in *Democracy and Authoritarianism in the Post–Communist World*, Valerie Bunce, Michael McFaul, and Kathryn Stoner–Weiss, eds. (Cambridge, 2010), 139–140, 141, 146.
64. 米洛塞維奇的反對者米洛・朱卡諾維奇（Milo Djukanović）在一九九七年當選蒙特內哥羅總統，不久就與塞爾維亞疏遠。Raymond Detrez, "The Right to Self–determination and Secession in Yugoslavia," in *Contextualizing Secession*, Bruno Coppieters and Richard Sakwa, eds. (Oxford, 2003), 127.

51. Elizabeth Drew, *On the Edge: The Clinton Presidency* (New York, 1995), 157. 他在必須決定「解除並打擊」（lift and strike）政策的關頭讀了這本書，「解除並打擊」指的是解除武器禁運，同時武裝波士尼亞一方。由於在西歐缺乏支持，國內的支持也冷淡，他面臨著否決這項政策的強大壓力。卡普蘭的著作給了柯林頓「見解」，讓他為了不介入而致歉，也就是說，該書協助他把自己非常不想做出的抉擇合理化。這正是明確的轉捩點。聽見柯林頓談論卡普蘭的見解，國防部長萊斯・阿斯平（Les Aspin）這麼說：「該死，他要放棄『解除並打擊』了。」Drew, *On the Edge*, 150. 另參看：Michael Kaufman, "The Dangers of Letting a President Read," *New York Times*, May 22, 1999。
52. 七月十三日接受查理・羅斯（Charlie Rose）訪問時提到。引自：Michael Sells, *The Bridge Betrayed: Religion and Genocide in Bosnia* (Berkeley, 1996), 204。
53. Arne Johan Vetlesen, *Evil and Human Agency: Understanding Collective Evil–Doing* (Cambridge, 2005), 247.
54. 提到動用武力這個主題，柯林・鮑爾（Colin Powell）總是詢問，確切的預期效果究竟為何。他問道：「目標是什麼？美軍的任何一次干預，都應當投入龐大兵力，並具有定義明確的目的。」Drew, *On the Edge*, 149, 154.
55. 聯合國於一九九一年九月二十五日宣布這項政策為聯合國安全理事會第七一三號決議案。安理會「決定遵照《聯合國憲章》第七章規定，所有國家為了在南斯拉夫建立和平與穩定的局面，應立即執行全面及徹底禁止向南斯拉夫運送一切武器和軍事裝備的措施」。
56. 害怕自己國家的維和部隊人員遭受危害，說明了法國和英國在一九九三年反對「解除（禁運）並打擊」選項的理由。Drew, *On the Edge*, 155.

Former Yugoslavia (New York, 1992), 4，可見於：http://repository.un.org/bitstream/handle/11176/54365/A_47_418–EN.pdf?sequence=3&isAllowed=y (accessed January 5, 2015)。

43. Mazowiecki, *Report*, 12.
44. Tatjana Pavlović, "Women in Croatia: Feminists, Nationalists, and Homosexuals," in *Gender Politics in the Western Balkans: Women and Society in Yugoslavia*, Sabrina P. Ramet, ed. (University Park, PA, 1999), 136.
45. Oberschall, "Manipulation," 989.
46. 發言刊載於這家立場溫和的貝爾格勒報刊塞拉耶佛版。Oberschall, "Manipulation," 991. 另參看：Ivan Turov, "The Resistance in Serbia," in *Burn This House: The Making and Unmaking of Yugoslavia*, Jasminka Udovicki and James Ridgeway, eds. (Durham, NC, 2001), 250; Roger Cohen, *Hearts Grown Brutal* (New York, 1998), 222; Michael Sells, "Islam in Serbian Religious Mythology and Its Consequences," in *Islam and Bosnia*, Maya Shatzmiller, ed. (Montreal, 2002), 58。
47. 奧伯蕭爾得出結論：「承平形勢下完全令人難以置信的事件」，例如「年輕女子在後宮淪為性奴，生育蘇丹的近衛兵；十五／十六世紀式的突厥人／伊斯蘭教入侵歐洲——在這種危機心境中，全都成了族群滅絕與支配的可靠敘述」。Oberschall, "Manipulation," 991–992。
48. 參看此書收錄的論文：Cohen and Dragović–Soso, *State Collapse*。
49. Chuck Sudetic, *Blood and Vengeance: One Family's Story of the War in Bosnia* (New York, 1999), 52.
50. 在塞拉耶佛，不同族群通婚的數字僅略高於百分之十（這個範疇不復見於人口普查中）。

plan），第二個方案是范錫－歐文方案（Vance–Owen plan）。分治的邊界由誰來執行？這是穆斯林擔憂的問題。美國柯林頓政府內部的顧慮，參看：John W. Young and John Kent, *International Relations since 1945* (Oxford, 2013), 465；對於這些「現實主義」方案未能允許「返鄉權」的批評，參看：Gearoid O'Tuathail and Carl Dahlman, "The Clash of Governmentalities," in *Global Governmentality: Governing International Spaces*, Wendy Larner and William Walters, eds. (London, 2004), 143。

38. 應用「種族滅絕」一詞的極高門檻，以及看似未達種族滅絕程度的人權侵害因此難以懲處，參看：A. Dirk Moses, "Raphael Lemkin, Culture, and the Concept of Genocide," in *Oxford Handbook of Genocide Studies*, A. Dirk Moses and Donald Bloxham, eds. (Oxford, 2003)。
39. 北約F–16戰機炸毀一輛波士尼亞塞爾維亞軍的戰車之後，拉特科・穆拉迪奇揚言處死荷蘭維和部隊人員，使得後續空襲中止（由聯合國特別代表明石康下令停止）。Sabrina Ramet, *The Three Yugoslavias: State–Building and Legitimation* (Bloomington, IN, 2006), 460.
40. 對全國各地四千兩百三十二名南斯拉夫人的抽樣調查結果。Anthony Oberschall, "The Manipulation of Ethnicity: From Ethnic Cooperation to Violence and War in Yugoslavia," *Ethnic and Racial Studies* 23:6 (November 2000), 988.
41. 起初仍有些塞爾維亞人和克羅埃西亞人在波士尼亞軍中服務，但人數逐漸減少。
42. 引自：Oberschall, "Manipulation," 996。馬佐維斯基援引波士尼亞杜比察（Bosanska Dubica）的案例概括波士尼亞的情勢，討論用以達成族群清洗的方法。Tadeusz Mazowiecki, *Report on the Situation of Human Rights in the Territory of the*

31. Silber and Little, *Yugoslavia*, 180; Dunja Melčić, *Der Jugoslawien–Krieg: Handbuch zu Vorgeschichte, Verlauf und Konsequenzen* (Wiesbaden, 2007), 555. 死於斯拉沃尼亞東部的克羅埃西亞人口，據估計約有兩千到五千人不等。Brendan O'Shea, *Perception and Reality in the Modern Yugoslav Conflict* (London, 2001), 20; Central Intelligence Agency, Office of Russian and European Analysis, *Balkan Battlegrounds: A Military History of the Yugoslav Conflict*, vol. 1 (Washington, DC, 2002), 101.
32. 戰鬥在八月開打。停火協議在一九九一年十一月二十三日由圖季曼和米洛塞維奇於日內瓦簽署；停火則在一月初完全生效。
33. 其他支持此舉的論點：南斯拉夫已經滅亡；試圖脫離共產政權實現獨立的國家不該受到懲罰。批判性的討論，參看：Glenny, *Balkans*, 637–638。德國在一九九〇年十月三日統一。
34. David Binder, "Alija Izetbegović, Muslim Who Led Bosnia, Dies at 78," *New York Times*, October 20, 2003; Cathie Carmichael, *A Concise History of Bosnia* (Cambridge, 2015), 106. 青年穆斯林組織志在統一全世界的穆斯林，建立「大穆斯林國家」。Marko Attila Hoare, *The History of Bosnia* (New York, 2007), 135. 伊茲貝戈維奇倡導以伊斯蘭教為「靈性與智性的融合，包含西歐價值」，參看：Noel Malcolm, *Bosnia: A Short History* (New York, 1994), 219–221。關於聖刀師，參看第二冊第十六章註四十五。
35. 數字參看：Sundhaussen, *Geschichte Serbiens*, 424。
36. 強暴和虐待平民，參看：Norman Naimark, *Fires of Hatred: Ethnic Cleansing in the Twentieth Century* (Cambridge, MA, 2001), 163–171；關於比耶利納，參看：Eric D. Weitz, *A Century of Genocide: Utopias of Race and Nation* (Princeton, NJ, 2015), 215。
37. 第一個方案是卡靈頓－庫蒂雷羅方案（Carrington–Cutileiro

Genocide (Cambridge, 2015), 44; Sabrina P. Ramet, *Nationalism and Feudalism in Yugoslavia* (Bloomington, IN, 1992), 226–234.

23. 相關指引，參看：Budding, "Nation/People/Republic," 91–130。
24. 一般認為有數十萬人在亞塞諾瓦茨（Jasenovac）集中營遇害，但圖季曼宣稱不到十萬人。Ejub Štitkovac, "Croatia: The First War," in *Burn This House: The Making and Unmaking of Yugoslavia*, Jasmina Udovicki, ed. (Durham, NC, 2000), 155. 他的說法比南斯拉夫官方歷史學者更接近實情。關於亞塞諾瓦茨集中營，參看：http://www.ushmm.org/wlc/en/article.php?ModuleId=10005449（accessed November 29, 2016）。圖季曼的傳記：Branka Magaš, "Obituary: Franjo Tudjman," *The Independent*, December 13, 1999。
25. 引自：Stokes, *Walls*, 242。演說發表於二月，國會選舉則是四月。
26. 他在一九九〇年五月就任克羅埃西亞總統。Štitkovac, "Croatia: The First War," 156.
27. 流亡海外的克羅埃西亞人資助極端主義的角色，參看：Paul Hockenos, *Homeland Calling: Exile Patriotism and the Balkan Wars* (Ithaca, NY, 2003), 100–102。
28. Silber and Little, *Yugoslavia*, 97. 前述作者追溯掌控塞爾維亞共和國軍事邊疆的極端民族主義者米蘭・巴比奇（Milan Babić）發跡過程，並提出了這個論點：許多塞爾維亞人居住的地區「都有興趣和札格雷布對話，對新政府並無敵視之意。巴比奇用武力將自己的權威強加於這些地區」。
29. Štitkovac, "Croatia: The First War," 155.
30. Thomas Roser, "Als mitten in Europa wieder der Krieg ausbrach," *Die Presse*, June 24, 2016; James Gow and Cathie Carmichael, *Slovenia and the Slovenes* (Bloomington, IN, 2000), 174–202.

the Assertion of Albanian National Sovereignty," (PhD dissertation, Stanford University, 2017); Elidor Mëhilli, *From Stalin to Mao: Albania and the Socialist World* (Ithaca, NY, 2017)。

16. 一九四八年，科索沃百分之七十三的阿爾巴尼亞人是文盲；到了一九七九年，比例已降到百分之三十一點五——但仍是南斯拉夫最高。Judah, *Kosovo*, 58; Julie Mertus, *Kosovo: How Myths and Truths Started a War* (Berkeley, 1999), 29.
17. 一九五二年，科索沃的人均社會產品占南斯拉夫百分之四十四，但一九八八年卻是百分之二十七。下降的部分原因在於高生育率。Momčilo Pavlović, "Kosovo under Autonomy, 1974–1990," in *Confronting the Yugoslav Controversies: A Scholars' Initiative*, Charles Ingrao and Thomas Emmert, eds. (West Lafayette, IN, 2013), 54. 一九八〇年代初期科索沃的失業率為百分之二十七點五，全南斯拉夫最高。斯洛維尼亞的失業率則是百分之二。Mertus, *Kosovo*, 23.
18. 塞爾維亞人宣稱阿爾巴尼亞人不想要學校。Kristaq Prifti, *The Truth on Kosovo* (Tirana, 1993), 136. 兩百五十二所這個數字也見於：Radošin Rajović, *Autonomija Kosova: istorijsko pravna studija* (Belgrade, 1985)。
19. 確切數字為百分之四十七點八八和百分之七十七點四二。
20. Mertus, *Kosovo*, 25.
21. Kosta Mihailović and Vasilije Krestić, eds., *Memorandum of the Serbian Academy of Sciences and Arts: Answers to Criticisms* (Belgrade, 1995), 124, 139.
22. Gale Stokes, *The Walls Came Tumbling Down: The Collapse of Communism in Eastern Europe* (Oxford, 1993), 235; Laura Silber and Allan Little, *Yugoslavia: Death of a Nation* (New York, 1997), 63; Robert J. Donia, *Radovan Karadžić: Architect of the Bosnian*

Slovenia, Croatia, and Serbia" (PhD dissertation, UC Berkeley, 2013).

9. 事在一九七一年。Ronelle Alexander, *Bosnian, Croatian, Serbian: A Grammar with Sociolinguistic Commentary* (Madison, WI, 2006); Lampe, *Yugoslavia*, 299; Tanner, *Croatia*, 190–191.
10. Holm Sundhaussen, *Geschichte Serbiens* (Vienna, 2007), 374–375.
11. Jože Pirjevec, *Tito and His Comrades* (Madison, WI, 2008), 388–389. 另參看：Tim Judah, *Serbs: History, Myth, and the Destruction of Yugoslavia* (New Haven, CT, 1997), 147; Tanner, *Croatia*, 202; Sundhaussen, *Geschichte Serbiens*, 375; Milivojević, "Almost a Revolution," 137–138。
12. Tanner, *Croatia*, 202; Magaš, *Croatia through History*, 629. 狄托同樣不太擔心克羅埃西亞民族主義本身，他擔心的是恐怕會激起塞爾維亞人的回應：相較於後者，克羅埃西亞民族主義只是「兒戲」。Tanner, *Croatia*, 199.
13. Aleksandar Pavković, *The Fragmentation of Yugoslavia: Nationalism and War in the Balkans* (New York, 2000), 70; Marc Weller, *Contested Statehood: Kosovo's Struggle for Independence* (Oxford, 2009), 35; Tim Judah, *Kosovo: What Everyone Needs to Know* (New York, 2008), 57. 一九六〇年代以來，已有一部憲法正在施行。
14. 智識上的驅動力來自斯洛維尼亞人愛德華・卡德爾（Edvard Kardelj）。Aleksandar Pavković, "The Role of Serbia in the Process of the Disintegration of Yugoslavia," in *Serbien und Montenegro: Raum und Bevölkerung, Geschichte, Sprache*, Walter Lukan, ed. (Berlin and Vienna, 2006), 336–337.
15. 阿爾巴尼亞共產主義歷史的傑出著作，參看：Daniel I. Perez, "Between Tito and Stalin: Enver Hoxha, Albanian Communists and

(Cambridge, 1996), 284–286; Sabrina P. Ramet, *The Three Yugoslavias: State–Building and Legitimation* (Washington, DC, 2006), 335; Robert Donia and John V.A. Fine, *Bosnia–Herzegovina: A Tradition Betrayed* (New York, 1994), 180.

3. Audrey Helfant Budding, "Nation/People/Republic: Self–Determination in Socialist Yugoslavia," in *State Collapse in South–Eastern Europe*, Lenard J. Cohen and Jasna Dragović–Soso, eds. (West Lafayette, IN, 2008), 91–130.
4. 外貿公司集中於貝爾格勒，使得塞爾維亞掌握南斯拉夫對外貿易百分之五十六，反觀克羅埃西亞只有百分之十八；貝爾格勒的銀行掌握了南斯拉夫七成以上的金融資本。Branka Magaš, *Croatia through History: The Making of a European State* (London, 2007), 624.
5. Jill Irvine, "The Croatian Spring and the Dissolution of Yugoslavia," in Cohen and Dragović–Soso, *State Collapse*, 149–178.
6. Savka Dabčević–Kučar, *John Maynard Keynes: teoretičar državnog kapitalizma* (Zagreb, 1957).
7. Misha Glenny, *The Balkans: Nationalism, War, and the Great Powers, 1804–1999* (New York, 2000), 591. 札格雷布市百分之四十點八的警力是克羅埃西亞人。數據出自一九七一年。
8. 克羅埃西亞經濟的相對弱化也引起怨言：克羅埃西亞在南斯拉夫工業產品中的分額，從一九二五年的百分之三十五，減為一九六五年的百分之十九。人口比例下降則同時起因於南方各共和國的高生育率，以及克羅埃西亞人在出國工作的南斯拉夫工人之中多得不成比例。Marcus Tanner, *Croatia: A Nation Forged in War* (New Haven, CT, 1997), 196–197; Andrej Milivojević, "Almost a Revolution: 1960s Liberal Reforms in

55. R.J. Crampton, *A Concise History of Bulgaria* (Cambridge, 1997), 209. 這是對伊斯蘭教更大規模的攻擊之一環，其中也包括數年前禁止割禮，以及讓麥加朝覲更難成行。
56. Gorbachev, *Memoirs*, 485.
57. Crampton, *Concise History*, 214; Vykoukal et al., *Východ*, 729.
58. 由一九七一年以來即擔任外交部長的佩特爾・姆拉德諾夫為首。
59. Dalos, *Verhang*, 169.
60. Crampton, *Concise History*, 219; Vykoukal et al., *Východ*, 731.
61. Vykoukal et al., *Východ*, 731–732.
62. Tokés, *Hungary's Negotiated Revolution*.
63. 關於在國際社會以及「地方律師」壓力下，新政府言論的轉變，從宛如開放的社會主義改革到（仍然有些含糊的）援引民主，參看：John Gledhill, "Three Days in Bucharest: Making Sense of Romania's Transitional Violence, Twenty Years On," in *Reflections on 1989 in Eastern Europe*, Terry Cox, ed. (London, 2013), 116–117。
64. Máté Szabo, "Hungary" in *Dissent and Opposition in Communist Eastern Europe*, Detlev Pollack and Jan Wielgohs, eds. (Burlington, VT, 2004), 62–63. 美國駐華沙領事館官員在一九八〇年代積極鼓勵波蘭地下組織的工作。
65. Charles Maier, *Dissolution*.

26. 東歐爆炸：南斯拉夫繼承戰爭

1. Dan Stone, *Goodbye to All That: The Story of Europe since 1945* (Oxford, 2014), 252.
2. John Lampe, *Yugoslavia as History: Twice There Was a Country*

rozpad sovětského bloku, 1944–1989 (Prague, 2000), 722.

42. Vykoukal et al., *Východ*, 726; Adam Michnik, "Wielka Historia Vaclava Havla," *Gazeta Wyborcza*, April 27, 2012.

43. Jonathan C. Randal, "Prague Names Havel President," *Washington Post*, December 30, 1989.

44. James Krapfl, *Revolution with a Human Face* (Ithacam NY, 2013), 104.

45. Katherine Verdery and Gail Kligman, "Romania," in Banac, *Eastern Europe*, 118.

46. 時間是十二月十五日。Stephen D. Roper, *Romania: The Unfinished Revolution* (Amsterdam, 2000), 58. Denis Deletant, *Romania under Communist Rule* (Portland, 1999), 135.

47. Verdery and Kligman, "Romania," 120; Vykoukal et al., *Východ*, 733.

48. Vykoukal et al., *Východ*, 733.

49. György Dalos, *Der Vorhang geht auf: das Ende der Diktaturen in Osteuropa* (Munich, 2009), 236. 克盧日－納波卡死亡人數為二十六人。軍隊當天午後在市中心開槍射擊群眾，結果只是讓其他人更堅決地參加抗爭。Siani–Davies, *Romanian Revolution*, 79–80.

50. Vykoukal et al., *Východ*, 732–734.

51. 絕大多數死者（一千一百零四人之中的九百四十二人）都在十二月二十二日西奧賽古失勢之後死難。Dalos, *Vorhang*, 236.

52. 沒有證據能夠證明革命產生於陰謀。Siani–Davies, *Romanian Revolution*, 175–176; Fischer–Galati, *Twentieth Century Romania*, 200–205.

53. Vykoukal et al., *Východ*, 734–736.

54. 他在一九五四年成為共產黨領袖。

33. Thomas Küttler, *Die Wende in Plauen. Eine Dokumentation* (Plauen, Germany, 1991). 歷史學者伊爾科－薩沙・科瓦爾丘克（Ilko–Sasclia Kowalczuk）說，這是那年第一場克服國家權力的勝利。"Die unbemerkten Helden," *Der Spiegel*, July 20, 2009.
34. Sarotte, *Collapse*, 190.
35. 梅克爾其實不曾簽署過任何表示加入基督教民主聯盟之意向的文件，不論東德還是西德。Ewald König, "Mit der CDU will ich nichts zu tun haben," *Die Zeit*, June 18, 2015.
36. Sarotte, *Collapse*, 147; Kerstin Völlig, "Uns war klar, das war's mit der DDR." *Bergedorfer Zeitung*, November 28, 2014.
37. "Václav Havel: Living in Truth," *The Economist*, December 31, 2011.
38. Daniel Shanahan, "20 Years Too Late for Czechs: In Time of Glasnost, Restraint Still the Rule," *Los Angeles Times*, August 13, 1988. 一九八七年三月訪問布拉格期間，當時在蘇聯領導層仍是中間派的戈巴契夫，拒絕公開對布拉格之春表示同情，也不願支持捷克斯洛伐克領導層中的盧博米爾・什特勞加爾（Lubomír Štrougal）等改革派。Jacques Levesque, *The Enigma of 1989* (Berkeley, 1997), 62–63.
39. 引自：Jürgen Danyel, "Abschied von der DDR," in *ZeitRäume: Potsdamer Almanach des Zentrums für Zeithistorische Forschung 2009*, Martin Sabrow, ed. (Göttingen, 2010), 43–46。
40. 據估計，一九八八年八月二十一日有一萬人在布拉格示威，一九八九年一月十五日則有數千人集會，紀念揚・帕拉赫（Jan Palach）自焚；參看：Milenko Petrovic, *The Democratic Transition of Post–Communist Europe* (New York, 2013), 106。
41. 此言出於十月二十五日訪問奧地利期間。Jiří Vykoukal, Bohuslav Litera, and Miroslav Tejchman, *Východ: vznik, vývoj a*

New York Times, April 7, 1989. 地下組織進行的民調顯示，八成五工人想要完全自由的選舉。

25. István Rev, *Retroactive Justice: Pre–history of Postcommunism* (Stanford, CA, 2005), 304.
26. 由於共產黨總書記格羅斯、總理內梅特、波日高伊和外交部長霍恩。Norman Naimark, "'Ich will hier raus,' Emigration and Collapse of the German Democratic Republic," in Banac, *Eastern Europe*, 84; Robert J. Macartney, "Bonn, Budapest Discuss East Germany Refugees," *Washington Post*, August 26, 1989.
27. "Und wenn sie die ganze Stasi schicken," *Der Spiegel*, August 21, 1989, 30–31.
28. 約有六千名東德公民聚集於華沙，而後在十月初獲准前往西德。http://www.tagesschau.de/ddrfluechtlinge–warschau–101.html (accessed December 20, 2018).
29. 波昂當局始終不承認東德公民身分，而是堅稱德國公民身分只有一個。大使館內的人數據估計有四千人，但更多人在館外等候。Karel Vodicka, *Die Prager Botschaftsflüchtlinge 1989* (Göttingen, 2014).
30. "Gift für die Stasi," *Tageszeitung*, March 12, 2011.
31. Günter Johannsen, "Ironie der Geschichte oder wunderbare Fügung: Die Wurzeln des Montagsfriedensgebetes in Leipzig," http://www.gesellschaft–zeitgeschichte.de/geschichte/friedensgebete/ironie–der–geschichte/ (accessed June 19, 2019); Charles S. Maier, *Dissolution: The Crisis of Communism and the End of East Germany* (Princeton, 1995), 139.
32. "Demonstrationen und Kundgebungen in Leipzig," http://www.archiv–buergerbewegung.de/index.php/demonstrationen?bezirk_ddr=Leipzig&ort=Leipzig (accessed June 19, 2019).

329.

17. 拜賴茨曾是共產黨的強硬派意識形態主管。Henry Kamm, "Party's Hardliners Form Party to Toe the Old Line," *New York Times*, October 13, 1989.
18. 如今它的黨部應當建立在街坊之中，一如「正常」政黨。Tökés, *Hungary's Negotiated Revolution*, 296, 332.
19. Tökés, *Hungary's Negotiated Revolution*, 330. 一九八九年四月，卡達爾向中央委員會發表告別演說，內容冗長又令人難堪，他在其中又一次提及那個一九五八年被他下令處決的人揮之不去的存在：「我有什麼責任？……醫生說，我的問題是我永遠都在思考自己的責任……日以繼夜……對於我有什麼責任，我的腦袋轉個不停。」Gough, *Good Comrade*, 244.
20. Tökés, *Hungary's Negotiated Revolution*, 33, 349. 重新成立的社會主義政黨得票率百分之十點八九。Swain, *Hungary: The Rise and Fall of Feasible Socialism*, 31.
21. Ákos Róna–Tas, *The Great Surprise of the Small Transformation: The Demise of Communism and the Rise of the Private Sector in Hungary* (Ann Arbor, MI, 1997), 167.
22. 波蘭當時是和平轉型的唯一榜樣。András Bozóki, "Hungary's Road to Systematic Change. The Opposition Roundtable," in *Lawful Revolution in Hungary, 1989–94*, Béla K. Király, ed. (Boulder, CO, 1995), 65.
23. 這些小黨包括農民黨，該黨自一九四七年以來支持共產黨的一切決策，但這時也開始利用新取得的自由。Francis X. Clines, "Isvestia Reports Poland's Changes in Detail and Straightforwardly," *New Tork Times*, April 7, 1989.
24. Anna Machcewicz, "Historia sentymentalna," *Więź* 37:7 (1995), 135; John Tagliabue, "For Many the Accords Seem a Non–event,"

und DDR–Staatssicherheit zur Verhinderung von Fluchtversuchen (Berlin, 2017).

4. Mary Elise Sarotte, *The Collapse: The Accidental Opening of the Berlin Wall* (New York, 2014), 22–29.
5. George Barany, "Epilogue," in *History of Hungary*, Peter Sugar, Tibor Frank and Peter Hanak, eds. (Bloomington, 1990), 401.
6. M.S. Gorbachev, *Memoirs* (New York, 1996), 468.
7. Gough, *Good Comrade*, 239.
8. 時為一九八九年二月。Nigel Swain, "Negotiated Revolution in Poland and Hungary, 1989," in *Revolution and Resistance in Eastern Europe: Challenges to Communist Rule*, Kevin McDermott and Matthew Stibbe, eds. (New York, 2006), 147.
9. 民主論壇由作家桑多爾・萊薩克（Sándor Lezsak）成立於一九八七年九月。科學工作者民主工會（Scientific Workers Democratic Union）於一九八八年五月組成，這是東歐在團結工聯之後的第一個獨立工會。Pittaway, *Eastern Europe*, 189.
10. Tökés, *Hungary's Negotiated Revolution*, 308.
11. David Stark and László Bruszt, "Remaking the Political Field in Hungary: From the Politics of Confrontation to the Politics of Competition," in *Eastern Europe in Revolution*, Ivo Banac, ed. (Ithaca, NY, 1992), 30.
12. 即使堅持國家自我設限，並「將社會權利制度化，使社會有自己的自治代表組織」。Stark and Bruszt, "Remaking the Political Field," 26.
13. Stark and Bruszt, "Remaking the Political Field," 26.
14. 事在二月。Barany, "Epilogue," 402.
15. Pittaway, *Eastern Europe*, 190.
16. 事在一九八九年五月。Tökés, *Hungary's Negotiated Revolution*,

90. Petrescu, "Alluring Facet."

91. Archie Brown, "The Gorbachev Era," in *The Cambridge History of Russia*, Ronald Suny, ed., vol. 3 (Cambridge, 2006), 336. 戈巴契夫在公開場合（例如一九八六年七月的波蘭共產黨大會）仍然會強調蘇聯集團必須團結，「社會主義的成就是不可逆的」。Mark Kramer, "The Demise of the Soviet Bloc," in *The End of the Beginning: The Revolutions of 1989 and the Resurgence of History*, Vladimir Tismaneanu and Bogdan Iacob, eds. (Budapest, 2012), 181.

92. Martin Walker, *The Cold War: A History* (New York, 1994), 309.

25. 一九八九年

1. Timothy Garton Ash, *The Magic Lantern: Revolution Witnessed in Warsaw, Budapest, Berlin and Prague* (New York, 1990), 78.

2. 關於克倫茲：Wolfgang Leonhard, *Meine Geschichte der DDR* (Berlin, 2007), 216。關於柏林圍牆建立後的東德情勢，參看：Roland Jahn, *Wir Angepassten: Überleben in der DDR* (Munich, 2014); Peter C. Caldwell and Karrin Hanshew, *Germany since 1945: Politics, Culture, and Society* (London, 2018); Patrick Major, *Behind the Berlin Wall: East Germany and the Frontiers of Power* (Oxford, 2010), 156–159。

3. 某些東德人逃亡的決心與政權阻止逃亡的決心，反映在保加利亞這個例子裡，保加利亞也是東德人能夠前往度假的國家。數十人試圖跨越戒備森嚴的邊境前往希臘，結果非死即被捕。儘管如此，東德政府仍派出史塔西特工前往保加利亞，視察當地要塞堡壘，盡可能確保滴水不漏。Christopher Nehring, *Tödliche Fluchten über Bulgarien: Die Zusammenarbeit von Bulgarischer*

21; Stephen Kotkin, *Uncivil Society* (New York, 2010), 77. 一九六〇年代捷克斯洛伐克的黨員比例大約是百分之十七，一九八〇年代德意志民主共和國約為百分之十七。Muriel Blaive, "The Czechs and Their Communism, Past and Present," in *Inquiries into Past and Present*, D. Gard et al., eds., vol. 17 (Vienna, 2005); Rusanna Gaber, *Politische Gemeinschaft in Deutschland und Polen* (Wies– baden, 2007), 105.

80. Stephen Fischer–Galati, *Twentieth Century Rumania* (New York, 1991), 186; Stephen Roper, *Romania: The Unfinished Revolution* (New York, 2000), 51.
81. 這說法源於一九八三年，引自：Petrescu, "Alluring Facet," 250。
82. Petrescu, "Alluring Facet," 251, 253.
83. 在經濟上自給自足能夠幫助「國家達成在共產羅馬尼亞過得自由又舒適的歷史使命」。Fischer–Galati, *Twentieth Century Rumania*, 190, 188.
84. 他和他們談了至少五小時；罷工行動在他離開後解散。Fischer–Galati, *Twentieth Century Rum*ania, 190–191. 雖然他承諾不會懲罰罷工者，約四千名工人被調離日烏地區。Dennis Deletant, *Ceaușescu and the Securitate: Coercion and Dissent in Romania* (Armonk, NY, 1995), 246.
85. 更多細節請見第二十四章。
86. 與伊朗沙王被推翻有關，西奧賽古之前和他關係良好。Fischer–Galati, *Twentieth Century Rumania*, 193.
87. Fischer–Galati, *Twentieth Century Rumania*, 195.
88. 從一九八二年起便如此，價格等價於羅馬尼亞國家為一個人的大學學歷所支出的西方貨幣。
89. Fischer–Galati, *Twentieth Century Rumania*, 195–196.

70. Paweł Wierzbicki, "Tygodnik Mazowsze, cudowne dziecko drugiego obiegu," *Dzieje najnowsze* 44:4 (2012), 68; Shana Penn, *Solidarity's Secret: The Women Who Defeated Communism in Poland* (Ann Arbor, MI, 2006).
71. Vaclav Havel, *Power of the Powerless*, John Keane, ed. (New York, 1985).
72. Padraic Kenney, "Borders Breached: The Transnational in Eastern Europe since Solidarity," *Journal of Modern European History* 8:2 (2010), 187. 東歐異議人士甚至在波蘭舉辦大型會議，一九八七年在華沙、一九八八年在克拉科夫、一九八九年在樂斯拉夫。
73. 「民族史達林主義」（national Stalinism）一詞來自弗拉基米爾・提斯莫內努，意指有計畫地利用民族主義拒絕改革。
74. "Openness Vital, Gorbachev tells Romania," *Los Angeles Times*, May 27, 1987.
75. "Notes from CC CPSU Politburo Session, April 16, 1987," in *Masterpieces of History: The Peaceful End of the Cold War in Eastern Europe*, Svetlana Savranskaya et al., eds. (Budapest, 2010), 247–248.
76. "Notes from CC CPSU Politburo Session, June 4, 1987," in Savranskaya et al., *Masterpieces of History*, 253–254.
77. *Milwaukee Journal*, May 25, 1987; "Notes from CC CPSU Politburo Session, June 4, 1987," in Savranskaya et al., *Masterpieces of History*, 253.
78. Adam Michnik, *Letters from Prison and Other Essays*, Maya Latynski, trans. (Berkeley, 1985), 204.
79. 三百七十萬人。一九八〇年代匈牙利和波蘭成人人口為黨員的比例分別為百分之十點三和百分之八點一。Peter Siani–Davies, *The Romanian Revolution of December 1989* (Ithaca, NY, 2005),

58. 在一篇發人省思的分析中，他寫道：「歷史背棄了一種吸引人且可行的實際選項。」Nigel Swain, *Hungary: The Rise and Fall of Feasible Socialism* (London, 1992), 2.
59. Pittaway, *Eastern Europe*, 76–77.
60. Gough, *Good Comrade*, 152, 160–161; Ivan T. Berend, "Veränderungen waren notwendig" in *Ungarn: Ein kommunistisches Wunderland?* István Futaky, ed. (Reinbek bei Hamburg, 1983), 121.
61. 「國家不僅完全沒有阻止他們，反而鼓勵多樣性與多元化……匈牙利農村變成優秀的農業生產者，市場蓬勃發展。」Molnar, *From Bela*, 194.
62. János Kornai, "The Soft Budget Constraint," *Kyklos* 39:1 (1986), 10.
63. Swain, *Hungary*, 124.
64. Gough, *Good Comrade*, 154; Mark Pittaway, *The Workers' State: Industrial Labor and the Making of Socialist Hungary, 1944–1958* (Pittsburgh, PA, 2012), 270.
65. Rudolf L. Tökés, *Hungary's Negotiated Revolution: Economic Reform, Social Change, and Political Succession, 1957–1990* (New York, 1996), 115.
66. George Konrád, "Wir schauspielern alle in ein und demselben Stück," in *Ungarn: Ein kommunistisches Wunderland?* István Futaky, ed. (Reinbek bei Hamburg, 1983), 25–26.
67. 著重部分由作者後加。Molnar, *From Bela*, 202.
68. Konrád, "Wir schauspielern," 12.
69. 約十六億人。Minxin Pei, *From Reform to Revolution: The Demise of Communism in China and the Soviet Union* (Cambridge, MA, 1994), 1.

47. Barbara Szczepuła, *Alina, Miłość w cieniu polityki* (Warsaw, 2013).
48. 工人提出的二十一項訴求之一，這一項訴求被寫進最後的協議。
49. 一九三六年，在一百萬名波蘭工人中，近三分之二的人參與過此類罷工行動。Roman Laba, *The Roots of Solidarity* (Princeton, NJ, 1989), 154.
50. "Alina Pieńkowska," *Gazeta Wyborcza*, August 8, 2005.
51. Borodziej, *Geschichte*, 362.
52. Borodziej, *Geschichte*, 362; Maciej Sandecki, "Mieczysław Jagielski: Musimy wyrazić zgodę," *Gazeta Wyborcza*, August 18, 2005.
53. Richard Sakwa, *Soviet Politics in Perspective* (London, 1998), 180.
54. "Die Zeiten, in denen die DDR in die Reihe der wirtschaftlich Lahmen und Fusskranken gehörte, sind längst vorbei." 梅瑟伯格是傑出的西德記者，曾派駐至東柏林（他從一九八二年至一九八七年都住在那裡）。參看：Peter Merseburger, *Grenzgänger: Innenansichten der DDR* (Munich, 1988), 44, 47。關於這段期間東德經濟的正面評價，參看："It's a Long Way from Prussia to Russia," *The Economist*, February 22, 1986; Roy Vogt, "Prospects for Improvement in the Standard of Living of the German Democratic Republic," *Canadian Slavonic Papers* 29:1 (1987), 63–80。
55. Bennett Kovrig, *Of Walls and Bridges: The United States and Eastern Europe* (New York, 1991), 267.
56. Susanne Wesch, "Mit den Krümeln vom Kuchen," *Handelsblatt*, September 15, 2006.
57. 引自：Angela Stent, *Russia and Germany Reborn: Unification, the Soviet Collapse, and the New Europe* (Princeton, NJ, 1999), 55。

了二十間公寓。Bernhard, *Origins*, 117.

39. 參看亞當・米尼奇克的回憶：*Letters from Freedom: Post–Cold War Realities and Perspectives* (Berkeley, 1998), 57。貝爾格勒會議（Belgrade Conference）的目的是監督各國遵守《赫爾辛基協議》的情形，由簽署國派出代表出席。雖然當時被認為充滿「說教」意味，卡特強烈要求東歐國家遵守誓言保護人權的做法讓異議人士的主張獲得強而有力的支持。他也明白地表示美國願意提供糧食援助是因為波蘭相對尊重人權。P. G. Vaughan, "Brzezinski and the Helsinki Final Act," in *The Crisis of Détente in Europe*, Leopoldo Nuti, ed. (London, 2009), 19–23. 關於貝林格，參看：Robert Brier, "Broadening the Cultural History of the Cold War: The Emergence of the Polish Workers' Defense Committee and Human Rights," *Journal of Cold War Studies* 15:4 (2013), 104–127。
40. Peter Osnos, "Current Unrest in Poland Reveals Rising Influence of Populace," *Washington Post*, June 3, 1977.
41. Máté Szábo, "Hungary," in *Dissent and Opposition in Communist Eastern Europe*, Detlef Pollack and Jan Wielgohs, eds. (Aldershot, UK, 2004), 58–59. 一九七九年一份支持《七七憲章》的聲明共有二百五十人連署。
42. Patrizia Hey, *Die sowjetische Polenpolitik Anfang der 80er Jahre* (Berlin, 2010), 137; Ascherson, *Polish August*.
43. Kuroń and Żakowski, *PRL*, 209. 關於反對勢力和教宗造訪之旅的討論參看：Brian Porter–Szűcs, *Poland in the Modern World: Beyond Martyrdom* (Hoboken, NJ, 2014), 286–296。
44. Borodziej, *Geschichte*, 356.
45. Kuroń and Żakowski, *PRL*, 209.
46. 根據：Ascherson, *Polish August*, 14–15。

28. Samuel Moyn, *The Last Utopia: Human Rights in History* (Cambridge, MA, 2010).
29. Frischke, *Opozycja*, 362–363; Rupnik, "Dissent," 90–91.
30. Adam Michnik, *Letters from Prison and Other Essays*, Maya Latynski, transl. (Berkeley, 1985), 144.
31. 見第十章。
32. Neal Ascherson, *The Polish August: The Self–Limiting Revolution* (New York, 1982), 115; Michael H. Bernhard, *The Origins of Democratization in Poland: Workers, Intellectuals and Oppositional Politics* (New York, 1993), 185, 196–197; Justyna Błażejowska, *Papierowa rewolucja : z dziejów drugiego obiegu wydawniczego w Polsce 1976–1989/1990* (Warsaw, 2010).
33. 根據異議政治學家揚・薩巴塔（Jan Šabata）所言，捷克斯洛伐克《七七憲章》的二百四十二位原始連署人之中，有一百四十位曾是共產黨員。Henry Kamm, "Evolution in Europe," *New York Times*, April 17, 1990; Jan Bažant, Nina Bažantová, and Frances Starn, *The Czech Reader: History, Culture, Politics* (Durham, NC, 2010), 392.
34. Judt, *Postwar*, 569.
35. 這是截至一九八八年十二月為止的數字，還有其他希望匿名的連署人。Vilém Prečan, *Charta 77, 1977–1989* (Prague, 1990), 358.
36. Paczkowski, *Pół wieku*, 430–431; Andrzej Romanowski, "Stansilaw Pyjas nie zostal zamordowany ani pobity," *Ale Historia, Gazeta Wyborcza*, May 4, 2017.
37. Rupnik, "Dissent," 93; Bernhard, *Origins*, 114–115.
38. 政府因此不敢進行太多鎮壓行動。Paczkowski, *Pół wieku*, 430–431. 根據記載，五月當局共拘捕了一百一十八個人，搜索

奧爾斯基（Andrzj Szczypiorski）、史坦尼斯瓦夫・巴蘭恰克、揚・約瑟夫・利普斯基（Jan Józef Lipski）。

17. Stanisław Barańczak, *Breathing under Water and Other East European Essays* (Cambridge, MA, 1990), 46.
18. 政府於一九七二年全面撤銷強制運送的規定。Zbigniew Landau and Jerzy Tomaszewski, *The Polish Economy in the Twentieth Century* (London, 1985), 306.
19. 每年僅成長約百分之二至百分之三。Andrzej Friszke, *Polska: losy państwa i narodu* (Warsaw, 2003), 265.
20. Zbigniew Pełczyński, "Poland under Gierek," in *History of Poland since 1863*, R. F. Leslie., ed., (Cambridge, 1980), 439.
21. "Polish Workers Protest Increase in Meat Prices," *Washington Post*, July 4, 1980; Kuroń and Żakowski, *PRL*, 131.
22. 第一部分與安全有關，第二部分與技術合作有關。
23. 分析參看：Adam Michnik , "Unbeugsame Verteidigung der Menschenrechte: was die Polen von dem neuen Papst erwarten," *Der Spiegel*, October 23, 1978, 26–27。
24. Andrzej Brzeziecki, *Tadeusz Mazowiecki: Biografia naszego premiera* (Kraków, 2015), 270.
25. Andrzej Friszke, *Opozycja polityczna w PRL 1945–1980* (London, 1994), 300–302; Adam Zagajewski, *Polen: Staat im Schatten der Sowjetunion* (Reinbek bei Hamburg, 1981), 159–160. 這些人主要來自華沙、克拉科夫、羅茲和盧布林天主教大學（Catholic University of Lublin）。Andrzej Paczkowski, *Pół wieku dziejów Polski : 1939–1989* (Warsaw, 1996), 428–429.
26. Jacques Rupnik, "Dissent in Poland, 1968–78," in *Opposition in Eastern Europe*, Rudolf L. Tőkés, ed., (Baltimore, 1979), 78–79.
27. Friszke, *Opozycja*, 326.

之三十六的民眾認為生活水準在過去五年內下降了（一九八五年的比例為百分之二十二）。Abrams, “Buying Time,” 408, 417, 420.

7. 人均食肉量增加了一倍以上。此處數據皆出自官方統計資料，參看：Molnar, *From Bela*, 189。
8. Molnar, *From Bela*, 190–191.
9. Roger Gough, *A Good Comrade: János Kádár, Communism and Hungary* (London, 2006), 176. 涅爾什從一九九八年起往前回憶了當時的情形。
10. 雖然高層在一九七九年都同意提高民生用品價格是唯一拯救國家不被債務壓垮的方式，埃里希・何內克表示：要漲價還不如讓政治局全體辭職下台。Hans–Hermann Hertle, *Der Fall der Mauer: Die unbeabsichtigte Selb– stauflösung des SED–Staates* (Opladen, Germany, 1996), 41–42.
11. 這是卡達爾發想的計畫：「我們也很想向東方借錢，但是我們沒辦法，因為東方的狀況就是沒辦法借錢。」Gough, *Good Comrade*, 192, 200.
12. 四十五人喪生，超過一千一百人受傷。Jerzy Eisler and Tomasz Szarota, eds., *Polska 1944/45–1989. Studia i materiały*, vol. 7 (Warsaw, 2006), 310. 另見：Roman Laba, *The Roots of Solidarity* (Princeton, NJ, 1991)。
13. Włodzimierz Borodziej, *Geschichte Polens im 20. Jahrhundert* (Munich, 2010), 353.
14. Jerzy Eisler, *Polskie Miesiące, czyli kryzysy w PRL* (Warsaw, 2008), 46–48.
15. 弗瓦基米爾・波羅傑伊（Włodzimierz Borodziej）談到了肆意毆打的情況：*Geschichte*, 353。
16. 耶濟・安傑耶夫斯基（Jerzy Andrzejewski）、安傑伊・什奇皮

註釋

24. 共產主義的瓦解

1. 「政治和社會的慣常做法突然被顛覆。」Padraic Kenney, *Carnival of Revolution: Central Europe 1989* (Princeton, NJ, 2002), 305.
2. Miklós Molnar, *From Béla Kun to János Kádár: Seventy Years of Hungarian Communism*, Arnold J. Pomerans, trans. (New York, 1990), 200.
3. Krisztina Fehérváry, "Goods and States."
4. Vladimir Tismaneanu, ed., *The Revolutions of 1989* (New York, 1989); Charles Maier, *Dissolution: The Crisis of Communism and the End of East Germany* (Princeton, NJ, 1997); Tony Judt, *Postwar: A History of Europe since 1945* (New York, 2005); Stephen Kotkin with Jan T. Gross, *Uncivil Society: 1989 and the Implosion of the Communist Establishment* (New York, 2009); Timothy Garton Ash, *The Magic Lantern* (New York, 1990); Konrad Jarausch, *Out of Ashes: A New History of Europe in the Twentieth Century* (Princeton, NJ, 2015). 關於一九八〇年代中歐異議的發展，參看：Kenney, *Carnival*。
5. Dahn, "Wir wollten auch doch leben," 132.
6. 僅百分之三十二的民眾認為生活水準在未來五年內會提升，四成的民眾認為會下降。百分之二十九的民眾表示生活水準在過去五年內上升了（一九八五年的比例為百分之四十六），百分

國家圖書館出版品預行編目（CIP）資料

共同體的神話：柏林圍牆的倒塌與意識形態的洗牌／約翰．康納利（John Connelly）著；楊雅筑, 蔡耀緯譯.
-- 初版. -- 新北市：臺灣商務印書館股份有限公司, 2023.08
面；14.8×21公分（東歐百年史）
譯自：From peoples into nations : a history of Eastern Europe.

ISBN 978-957-05-3517-4（平裝）

1. CST: 民族主義　2. CST: 東歐史

740.73　　112009665

歷史・世界史

共同體的神話

柏林圍牆的倒塌與意識形態的洗牌

From Peoples into Nations: A History of Eastern Europe

作　　者—約翰・康納利（John Connelly）
譯　　者—楊雅筑、蔡耀緯
發 行 人—王春申
選書顧問—陳建守
總 編 輯—張曉蕊
責任編輯—陳怡潔、徐鉞
版　　權—翁靜如
封面設計—許晉維
內頁排版—黃淑華
營 業 部—劉艾琳、謝宜華、王建棠
出版發行—臺灣商務印書館股份有限公司
23141 新北市新店區民權路 108-3 號 5 樓（同門市地址）
電話：（02）8667-3712　傳真：（02）8667-3709
讀者服務專線：0800-056193
郵撥：0000165-1
E-mail：ecptw@cptw.com.tw
網路書店網址：www.cptw.com.tw
Facebook：facebook.com.tw/ecptw

局版北市業字第 993 號
初版一刷：2023 年 8 月
印刷廠：鴻霖印刷傳媒股份有限公司
定價：新台幣 470 元

法律顧問—何一芃律師事務所